“十三五”国家重点出版物出版规划项目

语言学
核心话题系列丛书
Key Topics in
Linguistics

▼ 对比语言学
Contrastive Linguistics

KEY TOPICS
外语学科核心话题
前沿研究文库

# 英汉语篇对比研究

*

## Contrastive Studies of English and Chinese Discourse

杨延宁 著

外语教学与研究出版社
FOREIGN LANGUAGE TEACHING AND RESEARCH PRESS
北京 BEIJING

**图书在版编目（CIP）数据**

英汉语篇对比研究 / 杨延宁著. -- 北京 : 外语教学与研究出版社，2024. 10 (2025. 7 重印). -- (外语学科核心话题前沿研究文库). -- ISBN 978-7-5213-5826-1

I. H31；H1

中国国家版本馆 CIP 数据核字第 2024NQ9097 号

**英汉语篇对比研究**

YING-HAN YUPIAN DUIBI YANJIU

出 版 人　王　芳
选题策划　常小玲　李会钦　段长城
项目负责　陈　阳
责任编辑　秦启越
责任校对　陈　阳
装帧设计　杨林青工作室
出版发行　外语教学与研究出版社
社　　址　北京市西三环北路 19 号（100089）
网　　址　https://www.fltrp.com
印　　刷　北京盛通印刷股份有限公司
开　　本　650×980　1/16
印　　张　14
字　　数　206 千字
版　　次　2024 年 10 月第 1 版
印　　次　2025 年 7 月第 3 次印刷
书　　号　ISBN 978-7-5213-5826-1
定　　价　63.90 元

如有图书采购需求，图书内容或印刷装订等问题，侵权、盗版书籍等线索，请拨打以下电话或关注官方服务号：
客服电话：400 898 7008
官方服务号：微信搜索并关注公众号"外研社官方服务号"
外研社购书网址：https://fltrp.tmall.com

物料号：358260001

# 出版前言

随着中国特色社会主义进入新时代，国家对外开放、信息技术发展、语言产业繁荣与教育领域改革等对我国外语教育发展和外语学科建设产生了深远影响，也有力推动了我国外语学术出版事业的发展。为梳理学科发展脉络，展现前沿研究成果，外语教学与研究出版社汇聚国内外语学界各相关领域专家学者，精心策划了“外语学科核心话题前沿研究文库”（下文简称“文库”）。

“文库”精选语言学、应用语言学、翻译学、外国文学研究和跨文化研究五大方向共25个重要领域100余个核心话题，按一个话题一本书撰写。每本书深入探讨该话题在国内外的研究脉络、研究方法和前沿成果，精选经典研究及原创研究案例，并对未来研究趋势进行展望。“文库”在整体上具有学术性、体系性、前沿性与引领性，力求做到点面结合、经典与创新结合、国外与国内结合，既有全面的宏观视野，又有深入、细致的分析。

“文库”项目邀请国内外语学科各方向的众多专家学者担任总主编、子系列主编和作者，经三年协力组织与精心写作，自2018年底陆续推出。“文库”已获批“十三五”国家重点出版物出版规划项目，作为一个开放性大型书系，将在未来数年内持续出版。我们计划对这套书目进行不定期修订，使之成为外语学科的经典著作。

我们希望“文库”能够为外语学科及其他相关学科的研究生、教师及研究者提供有益参考，帮助读者清晰、全面地了解各核心话题的发展脉络，并有望开展更深入的研究。期待“文库”为我国外语学科研究的创新发展与成果传播作出更多积极贡献。

外语教学与研究出版社

2018年11月

# 目录

# 总序

人猿揖别，其主要标志固然是人学会了直立行走，手与足形成了明确的分工，从而使人最终走出猿的世界，成为一个新的物种，但在其逐渐学会制造和使用复杂的工具，并需要表达复杂的思想时，具有各种表征结构的语言从简单渐渐走向精细，这一发展过程无疑使人更具备了人的属性。然而，语言虽为人所创造和使用，但语言的规律和本质到底是什么？这一问题至今困扰着语言学家，无法给出一个人人都能认同的答案。这就如同人人都有大脑，时时使用着大脑，对其理应最为熟悉，但是，大脑的组织结构、神经系统等各种复杂关系和功能至今依然成谜，科学家目前对其的认识只是其神秘的冰山一角。如记忆是一个过程，人在记忆时实际上就是重建保存于大脑中零零碎碎的信息，但究竟是何种因素促发大脑开始这个重建过程？这依然令人迷惑。据说人类的大脑仅占人体重量的2%，其内部的血管总长度居然达到16公里，由1,000亿个神经细胞构成，相当于银河系内的恒星数量，但这些神经细胞彼此之间到底是怎样联结并发挥各自的功能的？这也是一个难解之谜。所以说，人体自身的东西，人类自己目前也未必就能说得清楚，人类的语言其实也是如此。

语言之谜尽管至今尚未完全破解，但语言在人类文明的演进及其在现实生活中的作用不言自明。人与人之间的交流、国与国之间的交往、文明的记录和传承等均离不开语言。尤其是处于世界多极化、经济全球化、文化多样化、国际关系民主化的当下，世界各国和地区之间的沟通与合作愈益频繁，彼此的依存性、互动性和关联性愈益明显，语言从中所起的作用更是不可小觑。在此若把眼光仅放到国家层面，语言的作用同样十分显明。在《国家中长期语言文字事业改革和发展规划纲要（2012—2020年）》中，“国家语言实力”和“国民语言能力”等概念的提出，足以证明语言对国家发展战略的重要性。这至少可从四个方面得到说明：一是国家的国际化、“一带一路”倡议、参与全球治理、中国文化走出去、讲好中国故事等，无不需要语言铺路。二是一个国家能否充分利用语言资源、提供语言服务、处理语言问题、发展语言事业等是其语言能力强弱的表现，不仅是一种软实力，也是一种硬实力，是国家综合实力的重要组成部分；一个国家优秀文化的承继、一个民族的凝聚力，其表达和传播的主要工具就是语言，事关民族身份的认同，也事关国家的安全。三是推动社会进步、促进经济发展、助推科技创新、推进教育现代化、贯彻国家政策、增强文明意识、提振精气神等，均需借助语言这一重要媒介。四是国民语言能力的高低直接关乎其融入社会、与他人沟通交流、参与社会建设、强化文明行为、履行职业责任、执行国家意志、提升个人素质、保障个体的生存和发展等。总而言之，不论作为世界公民，还是国家公民，抑或个人本身，我们都须臾离不开语言。也正因为此，加强语言研究实属必要。

就学科建设而言，不论西方还是中国，语言研究均可谓源远流长。尤其是20世纪以来，语言因无处不在，无时不存，其重要性越来越受到有识之士的关切，而专门探究语言的规律和本质的语言学在整个科学体系中的独立地位也愈益显豁，在哲学、心理学、社会学、教育学、人类学、伦理学、计算机科学、人工智能等学科中的重要性也越来越受关注，其应用也日益广泛。到了21世纪，语言学无疑已成为一门显学。

毋庸讳言，就现代意义上的语言学而言，我国的研究能力目前尚未进入国际先进行列。若暂且不论1898年《马氏文通》出版以前的中国传统语文学（即“小学”），西方概念上的语言学研究在中国已走过120年的历史。

在这一进程中，中国语言学既得益于西方语言学的研究方法，同时也受缚于西方语言学的研究范式；既成功观察并描写了许多汉语事实，也留下了汉语的一些特殊语言现象因难以纳入西方语言学的分析框架而无法得到充分的解释。这是中国语言研究者，不论是以汉语为主要研究对象还是以某一门外语或某几门外语为研究对象的学者，都需共同关心的问题，也是需合力而为的目标。其实，作为语言研究者，我们不能止步于某一种单一语言的探索，而是需要以人类所有语言为考察对象。尽管我们目前难以将世界上6,000余种语言全部纳入研究范围，但至少尽可能开展两种语言、三种语言甚至更多语言的探究。赵元任先生早就说过，所谓语言学理论，实际上就是语言的比较，就是世界各民族语言综合比较研究的科学结论（转引自杨自俭、李瑞华 1990：1）。王力（2008：16）曾提到："赵元任先生跟我说：'什么是普通语言学？普通语言学就是拿世界上的各种语言加以比较研究得出来的结论。'我们如果不懂外语，那么普通语言学也是不好懂的；单研究汉语，也要懂外语。"吕叔湘（1977）曾发表《通过对比研究语法》一文，提出"要认识汉语的特点，就要跟非汉语比较；要认识现代汉语的特点，就要跟古代汉语比较；要认识普通话的特点，就要跟方言比较"。吕叔湘先生的这些话都强调语言研究不能独尊一门语言，也不能独守某一语言的共时现象或某一通用语言，还要兼及方言等。简而言之，赵元任、王力和吕叔湘三位先生所强调的，就是语言研究需要具有历时的眼光和多语的眼光。我个人认为，外语研究者兼研汉语，可以以对比的眼光更深刻地认识自己所研究的外语；汉语研究者兼研外语，也可以以对比的眼光更深刻地反观自己对汉语母语的研究。这恐怕也应是赵元任、王力和吕叔湘三位先生所强调的主要思想之一。最近，张伯江（2018）强调："在世界语言中认识汉语。"我们在此不妨做一个延伸：应在世界语言中认识我们所研究的外语。

语言研究，一般涉及三个层面：一是观察的充分性（observational adequacy）；二是描写的充分性（descriptive adequacy）；三是解释的充分性（explanatory adequacy）。遗憾的是，我们当下的研究中有些往往是观察和描写有余而解释不足。即便有些研究声言其目的是为了解释某种语言现象，但常常仅停滞于表象，语言的规律和本质却远未得到深度揭示，其解释力远未充分。

本丛书就是鉴于我国的语言学研究现状及其不足，力图做到兼收并蓄，既借鉴国外的语言学理论和研究方法，又顾重我国的汉语研究传统以及汉语实际；既有外语界的学者撰写，又有汉语界的学者著述；既有资深专家的参与，也有青年学者的投入；既注重语言的共时，又顾及语言的历时；既用力于单语研究，又用心于多语的对比探索；既力图掘深语言学研究的深度，又竭力拓宽语言学研究的广度；既着力于语言学研究的宏观扫视，又致力于语言学研究的微观透视；既注意本丛书的系统性，又关注各专著的相对独立性。

丛书包含普通语言学、句法学、语义学、音系学、语音学、认知语言学、对比语言学等7大子系列，每个子系列选择本领域最核心的话题，对该话题研究的发展力图进行全面、系统的探讨。每本书都包含对国内外理论演进脉络的梳理，对前人和时贤研究贡献的述评分析，对经典理论的阐发，对实证案例的分析，对前沿的探寻和对学术空白的填补，并对研究发展趋势做出展望。

丛书兼顾学术辐射力和学术引领力，希望为外语学科高年级本科生、硕博研究生和年轻学者提供有价值的参考，又冀望也能有益于非外语学科的研究者。这是我们每位作者的真切希冀，也应该是读者的殷切期待。

其实，本丛书宗旨的宗旨，就是立足本来，吸收外来，面向未来，尽力挖掘新材料，发现新问题，提出新观点，构建新理论，贡献具有中国智慧的语言学思想，筑就符合中国实际的语言学。这也应是我国语言学研究的必由之路。

王文斌<br>北京外国语大学中国外语与教育研究中心<br>2018年11月

## 参考文献：

吕叔湘，1977，通过对比研究语法，《语言教学与研究》第二集（未公开发行）。

王力，2008，我的治学经验。载奚博先（编），《著名语言学家谈治学经验》。北京：商务印书馆。9-22。

杨自俭、李瑞华，1990，《英汉对比研究论文集》。上海：上海外语教育出版社。

张伯江，2018，改革开放四十年的语言学研究，http://ex.cssn.cn/wx/wx_yczs/201808/t20180807_4524870.shtml（2018年11月3日读取）。

# 前言

英汉对比研究是我国语言学研究中的常见课题，但英汉语篇对比研究却较少被触及。语篇本质上是语义单位，不是语法层面的词汇和句子的堆砌。开展语篇研究需要更丰富的观察视角和更全面的分析手段。语篇是人类表意需求的终极表现形式，在一定规则下完成语法层和语义层的整合，以浑然一体的方式呈现形式与意义互动的最终结果。语篇衔接外部语境，承载文化和社会信息，既受到语境的影响，也不断以语篇类型化的方式重塑语境。这些特点使得语篇难以被准确界定，也催生了多种语篇研究路径。

为了开展有效的英汉语篇对比研究，首先需要探究语篇内涵，辨析语篇研究思路，为实证研究打下坚实的基础。基于上述思考，本书首先明确语篇研究的整体思路，在回顾前人研究的基础上，提出了全要素语篇研究模式。该模式适用于各种语篇研究，当然也可以聚焦于英汉语篇对比研究。本书前三章即致力于完成上述工作，为英汉语篇对比研究建构完备的理论体系，也为语篇研究探索新的方向。

本书提出的全要素语篇研究模式囊括 11 类语篇要素，可归纳为两大类型，即语篇建构类和语境指向类。前者包括语音特征、信息结构、指称关系、衔接成分和词语链条，后者涵盖词语选择、词义归属、词类转换、句式类型、互文特征和评价手段。语篇建构类要素是语篇形式的根基，各要素相互协同，共同搭建语篇结构。更重要的是，分析语篇建构类要素能够揭示语篇结构得以建立的根本原因。对于某类语篇而言，表意需求为语篇建构类要素的使用设置了先决条件，使这些要素的使用呈现出明显的规律性。本书在对比英汉语篇结构时，秉持上述思路，揭示同样表意需求下英汉语篇的不同表现。语境指向类要素是本书的创新之处，它们展现了语篇对语境的依赖关系，也揭示语篇和预设语境是否产生了背离。具体到英汉语篇对比研究，两种语言的同类型语篇可能表现出对语境不同的依赖度。

本书将全要素语篇研究模式运用于三类语篇的英汉对比分析，即科技博客语篇、高校官网语篇和理科教材语篇。本书没有选择议论文语篇、说明文语篇、散文语篇和小说语篇这类常见语篇作为分析对象，主要是考虑到关于这些语篇已经有较为全面的讨论，相关特征也已得到充分说明。本书从实用角度出发，另辟蹊径，着力于目前学界关注较少的语篇类型，即科技博客语篇、高校官网语篇和理科教材语篇。这些语篇来自不同领域，具有明确的指向性和突出的功能性。对这些语篇的分析有助于揭示真实语篇的实际情况。本书分别从语篇建构类要素和语境指向类要素两个方向对这三类语篇展开具体分析。整体来看，各类语篇遵从其表意需求，同时受到语境的各种制约。但在微观层面，英汉同类型语篇展现出显著差异。英汉同类型语篇对相同表意需求的实现程度不同，对相同语境的依赖度也有所差异。同时，不同类型的语篇，差异也各不相同。

英语科技博客的表意需求实现度更高，语篇结构更加合理，与预设语境高度契合。相比之下，汉语科技博客在结构上仍有学术写作的影子，与表意需求存在较大距离，跟预设语境有明显背离。汉语高校官网语篇在结构上趋向科技语篇，新闻属性不足，未能满足其复合型表意需求。相比之下，英语语篇在这方面的表现更加优秀。此类汉语语篇在语境依赖度上的表现同样不尽如人意，无法很好地吸引读者。对应的英语语篇兼顾学术和新闻语境的做法值得学习。高校汉语理科教材一直饱受批评，学生认为其艰涩难懂。对比此类英汉语篇的结果表明，汉语理科教材并没有太大的问题，其结构特征符合表意需求，并且对预设语境有较高契合度。然而，英语理科教材表现出明显的革新意识，突破了原有语境的限制，结构更加灵活。接触了英语教材后，学生很容易对更加传统的汉语教材产生不满。

上述研究发现分别对应本书的第四至六章，呈现出英汉语篇的多方面差异，并揭示了这些差异背后的原因。这三章内容作为本书实证研究的主体，充分运用了量化分析手段，以数据呈现各类要素在英汉语篇中的不同表现。对三类语篇的多角度分析，充分证明了全要素语篇研究模式的有效性和可行性，为该模式的广泛应用提供了范例。为了使未来的英汉语篇对比研究更具可操作性，本书最后一章规划了此类研究的路径，明确了未来研究的方向，希望能为同领域的研究者提供借鉴。

杨延宁
华东师范大学
2024 年 8 月

# 第一章 目的与方法

## 1.1 研究目的及研究内容

英汉对比研究经过多年积累，成果丰硕，论著颇多。然而，这些研究主要集中在词语和句法层面，以语篇为单位的英汉对比研究仍处于起步阶段。这种情况的存在，一方面是因为语篇层面的英汉对比在操作上远比词语和句法对比更为复杂；另一方面，语言学内部对语篇的不同认识也为相关研究增加了难度。如果再考虑到语言学之外对语篇概念的滥用，情况就显得越发混乱。语篇层面的英汉对比研究相对匮乏的状态，不能不说是一大遗憾。然而，实际语言交流恰恰以语篇为基本单位。当代语言学在对词语和句法形成相对稳定的认识后，对语篇的重视程度必然会与日俱增。

本书的首要目的是，在充分回顾前人研究的基础上，探索英汉语篇对比研究的可行之路，为未来的研究提供出发点。在此基础上，本书尝试提出跨语言语篇研究的创新路径，为语篇对比研究提供新颖且可靠的操作模式。

为实现上述目标，需要应对三个方面的挑战。第一个挑战在于如何正确界定语篇研究的范围。进入 21 世纪后，语篇逐渐成为一个非常时髦的学术术语，语言学领域内外关于语篇的讨论层出不穷，但在很多情况下，语篇概念并没有得到准确的界定。语篇作为分析的对象，其边界变得越来越模糊。有时，语篇的范围涵盖一切，似乎语篇之下的所有词汇和句法现象都可以成为讨论对象；有时，语篇的讨论范围又变得非常狭小，甚至只涉及语篇的结构特征。出现这些情况的关键原因在于，语篇研究的路径非常丰富，包括会话分析、语篇分析、批评话语分析、多模态语篇分析等，为相关讨论提供了众多视角。

可以说，语篇研究从来不是一个单一的方向，而是多种研究路径的复合体。各种研究路径从不同角度、以不同方式对语篇进行分析和解读，逐渐形成了对语篇的不同定义和诠释。其中一些研究路径固守语篇本身的结构和功能特征，对语境涉及较少；另一些研究路径从一开始就将研究重点设定在语篇产生的社会环境和文化背景方面；还有一些研究路径将语篇视作体现社会关系和塑造社会形态的重要工具。不同的路径揭示了语篇不同侧面的特征，各自对语篇研究都有所贡献。为充分理解语篇概念，并对语篇研究有更深刻的把握，我们需要梳理不同研究路径的基本思路和操作模式。这也是本书第二章的主要内容。

第二个挑战在于，应该以何种思路开展语篇对比研究，需要从哪些方面入手进行分析。我们知道，语言既是人类认知活动的表征，也是人类社会文化活动的投射。当代语言学研究兼顾人类认知属性、社会环境和文化背景，强调不可有所偏颇。因此，语篇研究既应该考虑认知活动的特点，也要关注语篇产生的社会环境和文化背景。从目前的情况看，语篇研究大多以社会和文化的视角切入，从语体和语类的角度展开分析。相对而言，已有研究较少关注认知活动对语篇内容和结构的影响。其原因在于，作为最外层的语言单位，语篇与社会文化的关系更为密切。同时，这一现状也与语言学对认知活动的有限认识密切相关。随着认知科学和认知语言学的不断发展，认知语篇研究有可能成为未来的重要突破方向。然而，这并不是短期内能够完成的任务，显然已超出本书的讨论范围。鉴于目前语篇研究的整体情况，本书选择了一条更为切实可行的研究路径，从社会功能和文化背景两个角度开展语篇对比研究。

从社会功能角度开展语篇研究，关注的重点必然是语篇的使用目的。由此衍生的研究路径将语篇划分为学术、政治、法律、军事、文学等诸多类型。不同类型的语篇之间即便不是泾渭分明，也有较为明显的区别特征。这些特征会表现出极强的跨语言同质性，例如，英汉学术语篇就在许多方面表现出高度相似性。而从文化背景出发的语篇研究则更多地揭示了语篇之间的跨语言差异。即便是同类型的语篇，在汉语和英语中也不能做到完全一致，甚至表现出诸多明显差异。这些差异通常与英汉两种语言的文化背景有关。例如，中英文的菜谱虽然属于同一类语篇，但是它们呈现出的差异远大于共性。究其原因，还是东西方不同的文化背景起了决定性作用。

单独考虑语篇的社会功能或文化背景，则很难看到共性与差异之间的平衡关系。所以在开展跨语言语篇对比研究时，我们需要同时考虑语篇的社会功能和文化背景。换言之，本书需要对两种情况都有所顾及，既要考虑语篇的社会属性，也要关注语篇的文化特征。具体到特定语篇，其语类特征源自社会功能，其语体差异生发自文化属性。语类特征和语体差异应该成为相互平衡的选项，在英汉语篇对比研究中共同发挥作用。有鉴于此，本书第三章前半部分提出多要素的语篇研究思路，希望涵盖语篇对比研究中涉及的语类和语体问题，更全面地呈现英汉语篇的异同点。

语篇分析的第三个挑战来自操作层面，即以何种手段开展语篇对比，在微观层面关注哪些语言特征。语篇研究涉及多种分析手段，从话轮分析、话语分析、叙事分析、功能分析、多模态分析到语料库分析，不一而足。这些分析方法触及语篇的各方面特征，其中包括语调变化、词语选择、句法结构、语义衔接、语用信息、话轮建构甚至叙事特点。作为各种语言特征的集大成者和基本表意单位，语篇研究关注的内容必然丰富庞杂。在进行英汉语篇对比研究时，需要有一套贯穿始终的分析手段，以保证对比分析的可操作性和研究结论的可信性。面对多方面的分析需求，需要一个涵盖范围较大且比较成熟的分析框架作为依托。以此为基础，再适当辅之以其他分析手段，才可能保证相关讨论的可信性。本书参考系统功能语言学中的分析手段，同时兼顾会话分析和语用学的操作方法。这些分析手段和方法经过数十年的发展和完善，在语言学各领域研究中都得到了充分的检验。而且，以系统功能语言学为参考的分析手段，在重要的语篇特征描述上表现出了强大的可操作性。本书第三章的后半部分建立跨语言语篇对比研究框架，其中包含 11 类具备可操作性的分析要素。依据其不同属性，这 11 类要素可划分为语篇建构类要素和语境指向类要素两个类型。前者受到表意需求的制约，后者充分体现语境特征。本书 3.4.2 节对两类要素构成的分析框架有详细介绍，此处暂不展开论述。

有了坚实的理论基础和分析框架之后，本书的后半部分转入实证研究，通过英汉语篇对比，揭示语篇诸多特征出现的内在逻辑。相关讨论指向三个问题：1）语篇表意需求如何影响语篇形式？ 2）预设语境如何限制语篇表现？ 3）语篇在何种情况下会突破语境限制？为回答这些问题，本书选取了三类语篇作为对比分析对象，开展针对性的实证研究。这些语篇分别来自科技、传播和教育三个领域。在不同的领域内，语篇受文化背景和社会功能影响的程度各不相同。例如，科技语篇与社会功能高度相关，与文化属性的关联度则相对较低。相反，传播语篇的文化属性更加突出，同样的话题在英汉两种语言中可能有不同的表现形式。三类语篇的分析各自独立成章，从不同角度呈现英汉语篇的差异，阐释表意需求、语境限制和语篇特征之间的复杂互动关系。

为了不让实证研究部分的章节各自为政，需要将各类语篇的讨论约束在同一分析框架之下。但是各章并不是对同样分析路径的简单重复，不同语体的语篇在分析重点上会有所不同。例如，科技语篇更加侧重分析框架中的社会功能部分，而传播语篇则更加依赖分析框架中的文化属性部分。换言之，不同的章节在同样的分析框架中选取不同的侧重点。各章节相互协调，共同呈现整个理论框架应用于实践的完整图谱。无论是理论探索，还是实证研究，都需要明确研究思路和研究方法的诸多细节。下一节内容就此做简要说明。

## 1.2 研究思路及研究方法

在研究思路上，本书特别注意三点。

首先，笼统的语篇整体对比很难呈现英汉两种语言之间的差异。语篇是各种语言单位的集大成者，其中蕴含着词汇、句法、语义层面的多种特征。简单陈述英汉语篇在整体上的差异，没有太大意义。更为合理的思路是在同样的语篇类型下对比两种语言的微观表现。例如，首先确定语篇类型为新闻报道，再来思考同样报道的中英文版本之间有何异同。因此，语篇视野下的英汉对比至少应该细化到特定的语篇类型，如果能够深入某个类型下的特定主题，则更为理想。

其次，语篇研究已经有相当丰厚的积累，但是并非所有成果都适用于语篇对比研究。因此，本书在搭建对比研究的分析框架时进行了审慎的选择。语言对比研究得以存在的基础有两个：1）不同语言赖以生存的特定社会文化背景；2）不同语言在类型学意义上的诸多差异。所以，只有这两个方面的研究成果应该被纳入语篇对比研究的理论框架。这也意味着，部分语篇研究成果不需要纳入对比研究的范畴。例如，人类的思维模式对语篇的建构有决定性作用，决定了语篇从形式到内容的诸多特征。但是人类思维模式是共通的，很难催生跨语言的语篇差异。对这部分研究成果的关注有利于理解语篇特征，但是无助于揭示英汉语篇差异，因此也不是本书需要考虑的内容。

最后，本书对语篇外在结构对比没有投入太多的精力。一般认为，语篇研究的重要内容是结构分析，部分语篇研究甚至以结构分析为最高追求。本书认为，在同类型语篇对比研究中，外在结构上的差异已经不再显著。我们知道，大多数的语篇类型首先在英语中出现，各自形成独特的结构；汉语语篇在很大程度上借鉴了英语语篇的结构。在科技和法律等特定领域，英汉语篇的结构如出一辙，没有本质差异。在语篇对比研究中，结构分析所呈现的必然是共性大于差异。我们不否认语篇研究中结构分析的重要性，但在语篇对比分析中确实不需要过分关注结构特征。基于这一点，本书并未在各章中将结构特征作为核心内容，而是更加关注语篇结构得以建立的内在逻辑。

在研究方法上，本书特别强调量化分析和质性研究的整合。在漫长的语篇研究历程中，以个案分析为主体的质性研究思路一直占据主导地位。语篇研究选择的研究对象通常数量偏少，甚至可能只是某个单独的语篇。质性研究有利于揭示语篇的深层次特征，但是数量的局限也会削弱研究的力度。本书认为，无论何种形式的语篇研究，都应该以扎实的语料为基础，同时强调量化与质性并重。为此，本书对三类英汉语篇的对比分析，均以自建的小型语料库为基础。首先，确保语料中的语篇数量具有统计学意义，以便提升语篇研究结果的可信度。其次，重视语篇的代表性，确保分析对象能够呈现特定类型语篇的各方面特征。这一做法改变了语篇研究的传统思路，丰富了语篇分析的视角。在本书的第四至六章，量化分析和质性研究以两种方式相结合。其一，量化分析揭示某类英汉语篇在关键要素上的整体差异，再辅之以质性研究，开展具体特征的深入挖掘。其二，以英汉语篇的质性对比分析为先导，探索值得进一步探究的领域，进而开展大规模的量化研究。在本书中，根据研究需求的变化，两种方式交替使用，最大限度地呈现英汉语篇的异同点。

在具体操作层面，本书特别重视使用语篇分析软件，以便提升研究效率。语篇层级的语料分析工作量巨大，已经远非词汇和句子层面的分析所能比拟。单纯依赖人工分析，很难满足语篇量化分析的需要。为此，选择合适的分析软件成为本书的重要任务。目前大量语料分析工具以关键词检索为重点，能够开展语篇层面分析的选择并不多。本书主要使用 UAM Corpus Tools，对大部分语料进行自动分析。对于小部分无法自动分析的语篇要素，则开展必要的手动分析。UAM Corpus Tools 有两个明显的优点，和本书的研究思路契合度较高。首先，该软件以系统功能语言学理论为依托，和本书的理论取向高度趋同。其次，该软件开放度较高，允许使用者自行设计分析框架，特别适合开展个性化的分析任务。从操作界面看，该软件分为自动分析和自主设计两个模块。本书研究框架涵盖两大类共 11 种语篇要素，其中 6 种都能借助该软件实现自动分析。该软件的自动分析模块包含 6 个选项，如图 1.1 所示：

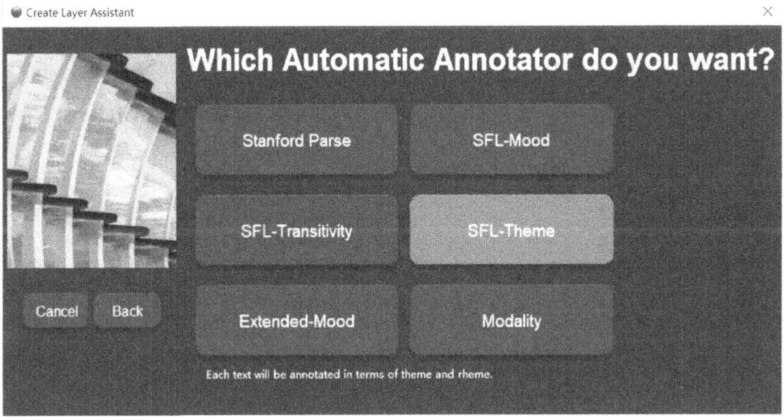


**图 1.1　UAM Corpus Tools 的自动分析模块**

自动分析模块的分析项可以从及物性、主位、语气、情态等多个角度开展分析，其内部语法树可以根据需要进行调整。本书中的语篇要素和这些分析项有重合之处，但也需要进行软件底层分析架构的调整，以适应本书的研究目的。自动分析模块仅能完成部分语篇分析工作。针对自动分析无法涵盖的要素，可以在软件提供的自主设计板块中搭建针对性的分析架构。图 1.2 展示的就是该软件的自主设计界面：

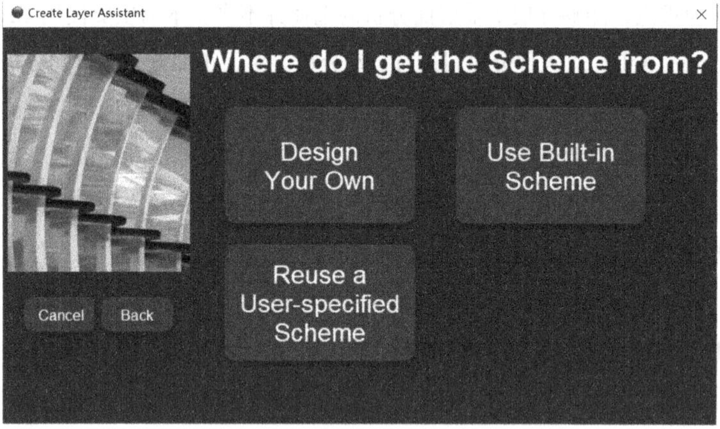


**图 1.2　UAM Corpus Tools 的自主设计模块**

自主设计模块可以支持 3 种语篇要素的分析。借助上述自动分析模块和自主设计模块，本书关注的大部分语篇要素（9 种）都可以得到有效呈现。其分析结果如图 1.3 所示：

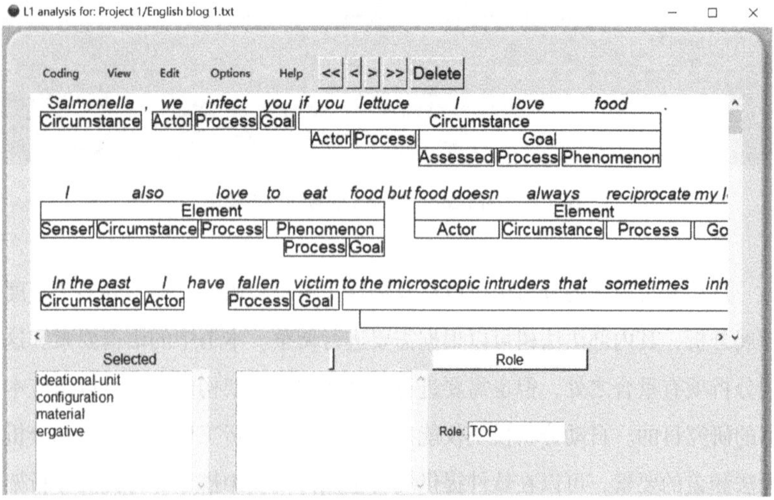


**图 1.3　UAM Corpus Tools 的分析结果**

但是，毕竟还是有小部分语篇要素无法通过软件实现高效认读和量化分析，例如语境指向类要素中的互文性。对于这类要素，本书只能采取人工分析的方法，同时对分析结果进行反复验证。综合上述努力，本书尝试以软件支撑语篇分析的主体工作，改变了传统语篇分析以手动分析为主的模式。配合统计分析软件，本书在操作层面实现了根本性的创新。从总体上看，本书的研究方法部分同时完成了理念探索和实践创新。在理论层面，本书充分审视已有语篇研究成果，确定了语篇对比研究需要关注的核心内容和可以采用的分析途径。以此为前提，本书建立了自身的语篇分析框架。其中最显著的创新是将 11 种分析要素划分为两大类，即语篇建构类要素和语境指向类要素。在实践层面，本书综合运用质性和量化研究手段，改变了语篇研究的传统做法。为保证实践层面的创新可以落地，本书充分发挥了语篇分析软件的优势，为量化分析提供了可操作性。

# 第二章 语篇研究的多种路径

## 2.1 语篇和语篇研究

语篇概念曾引起不同领域学者的反复定义和讨论，进而催生出多种语篇研究范式，甚至形成了对语篇理解相互矛盾的观点。但是从整体上看，所有的语篇研究都可以用两条轴线加以概括。一条是以形式和功能为两端的轴线，另一条是以语言和社会为两端的轴线。

形式和功能轴线较早出现，和语言学理论的交替发展历程相吻合。我们知道，形式主义和功能主义一直是语言学研究中并存的两条主线，它们在语篇研究中一直呈现相互竞争的态势。20 世纪七八十年代，乔姆斯基的理论如日中天，语篇研究更多地承袭了形式分析的传统。研究的重点主要是语篇的句内衔接关系，分析工具也基本来自结构学派和转换生成学派的理论体系。同时期与之竞争的是承袭布拉格学派研究理念的语篇功能分析，其中最著名的是 Halliday & Hasan（1976）提出的语篇衔接理论。不同于形式分析的思路，语篇衔接理论更注重语篇要素的功能属性，认为语篇的整体性源自特定交际需求。该理论体系中以主位和述位为代表的一组概念，在某种程度上确立了功能主义语篇研究的基本走向。而主位和述位之间的互动关系被认为是语篇信息呈现和语篇建构的重要手段。进入 21 世纪，形式和功能之分依然存在。以会话分析为代表的语篇研究模式依旧带有明显的形式主义特征。但是，越来越多的语篇研究开始重视语篇的功能特征，特别是语篇的整体功能属性。

语言和社会是语篇研究的另一条重要轴线。语篇研究的各种路径对语言和社会的侧重大不相同。源自英美的语篇研究更加重视语篇的内部语言特征，如语篇衔接、语篇结构和语篇类别。涉及社会和文化语境时，相关讨论一般将其作为语言特征分析的背景和条件，而成少将其作为独立的研究对象。换言之，遵循该传统的学者也会讨论语篇出现的社会环境和文化背景，但这种讨论是为了说明语篇的内部特征何以出现和形成，语篇被视作社会和文化力量作用下的语言表现形式。在这类研究中；讨论的边界往往终止于社会和文化研究的表层，很少跨入社会和文化理论的核心领域。

相对而言，源自欧洲大陆（特别是法国）的语篇研究倾向于将语篇视作讨论社会和文化课题的载体。该领域学者深受巴赫金理论和马克思主义的影响，认为语言本身就是社会行为，语篇存在的意义就在于完成社会沟通。因此，语篇研究不应该困守在语言学领域，语篇在社会生活和文化建构中的主体作用应该得到更多重视。在这一研究思路的指导下，语篇研究的重点不是语篇说了什么，而是语篇做了什么。语篇的社会特征成了研究的主线，语篇的语言特征反而退居其次。Sacks（1992）创立的会话分析和 van Dijk（1977）倡导的批评话语分析代表着不同的研究思路，分别居于语言和社会轴线两端。前者开发了完整的语篇分析手段，注重微观层面的语言现象分析，呈现语篇的语言学细节；后者提出了语篇社会性分析的思路，以语篇研究为工具，批评性地看待语言中蕴含的意识形态和话语权力。

形式和功能、语言和社会这两条轴线并不是平行的，在很多情况下会相互交织。例如，Halliday & Hasan（1976）与 van Dijk（1977）的语篇研究思路都偏向功能端，但是前者更注重语言本身，后者则把语言的社会属性作为首要研究对象。两条轴线的互动衍生出语篇研究的多种路径。在开展英汉语篇对比分析前，需要充分梳理语篇研究的多种路径，本章的任务即在于此。需要说明的是，语篇研究的路径虽然非常丰富，但是仍有共同的内核能够将相关研究约束在明确的边界之内。不同于乔姆斯基关于实际语言杂乱无章的看法，语篇研究领域的主要学者都认为真实语篇具有极强的规则性。更重要的是，这些特征显然不只是由人类认知所决定的，而且与语言所处的社会环境和文化背景密切相关。因此，所有主要语篇研究路径都以此为统帅，同时具备以下特征：

1）研究对象是真实语言使用者创造的自然话语，一般不涉及内省式的例子和经过抽象简化的语言；

2）分析单位通常较大，包括完整的篇章、对话、言语行为或者交流过程，分析不会止步于单独的词语和句式；

3）研究中关注交流与互动，重视句子之间的关联性，讨论不会止步于句法层面的分析；

4）重视对语境的探讨，会涉及社会、文化等多种外部信息；

5）研究内容不局限于语言，还包含图像、视频和多媒体资源。

上述特征将众多的研究纳入语篇研究范围，把大量看似无关的研究联系在一起。以下各节围绕这些共同特征展开，但分别聚焦于语篇研究的特定路径。各节内容都从特定路径的发展历程和分析手段两个方面入手，全面呈现语篇研究的不同思路。

## 2.2 会话分析

在语篇研究领域，会话分析拥有相对独立的地位。从它以“会话”为关键词就不难看出，该路径一直以真实交流为核心关注点。正因如此，会话分析有两个突出特征：1）强调真实社会环境下的语言交流，分析对象都是实际口语对话；2）使用独特标注方法，和其他研究路径有明显的不同。这两个特征和会话分析的初衷有密切关系，也受其创立时期学术思潮的影响。

会话分析的理论和方法均由 Harvey Sacks 及其合作者在 20 世纪 70 年代提出（Sacks *et al.* 1978）。当时，社会学主流研究思路重视日常语言使用，特别关注语言对社会生活的影响。这些研究大多以加州大学为基地，对在该校工作的 Sacks 有非常大的影响。创立之初，会话分析力图解释人们如何以语言实现行为目的。同时期持类似研究思路的学者远不止 Sacks 一人，例如 Austin（1962），他的言语行为理论同样关注如何以言行事。但 Sacks（1992）看待真实语料的独特视角，使之有别于其他研究。

作为洛杉矶自杀研究中心成员，Sacks（1992）分析了大量该中心的电话录音。其分析重点很快脱离了对话内容，视野逐渐集中于对话的结构。该中心的工作人员在接听电话时，都试图引导对方说出名字，进而说服对方放弃自杀念头。但很多时候，对方会用各种方法绕开话题，始终不愿提及自己的名字。Sacks（1992）试图找出其中的规律，即对方以何种方式避免提供身份信息。例如，求助人用 "I can't hear you." 这样的表述来回避身份信息。（Sacks 1992: 3）

A: This is Mr. Smith. May I help you?

B: I can't hear you.

A: This is Mr. Smith.

B: Smith ...

Sacks（1992）意识到求救人并非无法听清，而是以该表达作为延续对话的手段。换言之，求助人既想延续对话，又不想提供身份信息，因此以变通方法填补对话空白。Sacks（1992）把这种填补方法称为"修复"。通过修复对话，交流得以继续，信息得以保留。这种修复手段频繁出现，具体形式也不限于 "I can't hear you."。同时，Sacks（1992）也注意到，在日常对话中，这类情况屡见不鲜。人们为了让交流进行下去，会使用各种方法修复对话。

这一发现说明，自然对话有严整的结构。为了达到对话的目的，双方会努力维护该结构。只要结构不被破坏，交流就有可能继续。在交流过程中，所说内容未必符合对方期待，但还是可以起到修复对话结构的作用，对话的结构甚至重于内容。也就是说，在日常交流中，延续对话的重要性已经超过了信息本身。因此，会话分析的重点不是内容，而是以何种方式维护对话结构，不断推进交流。这一点和语用学中如何以言行事的思路是高度一致的。很多情况下，怎么说、以何种形式说甚至比说什么内容更加重要。这种现象在我们的日常生活中普遍存在，只是在 Sacks（1995）之前，自然对话的这种特点并没有引起足够的重视。

Sacks（1992）的研究思路很快被其他学者接受，进而衍生出各类日常会话的分析，其中包括相互抱怨（Drew & Holt 1988）、相互恭维（Pomerantz 1984）、消息散布（Maynard 1997）、课堂交流和法庭辩论（Drew & Heritage 1992）、医院诊疗（Heritage & Maynard 2006）、媒体救助（Baker & McEnery 2005）等类型。这些研究充分表明，日常生活中充斥着会话语篇的建构。事实上，语篇建构是交流的主要模式，几乎成为日常生活对话的基础。而且，语篇建构充满了策略性，构成了系统化的选择体系。会话分析可以帮助我们有效地揭示这些策略的产生机制、特定目的和实现过程，以及实际表达选择对上、下轮对话的影响。

这些研究成果被不断总结提升，呈现出自然会话中语篇建构的关键性规则，有助于深入理解口语交流的本质特征。更宏观地看，会话分析很好地呈现了语篇结构的重要性。作为基本的表意单位，语篇内容固然重要，但是其结构也应该成为重要的分析对象。近 20 年，逐渐兴起的构式研究特别强调形式的重要性，认为形式即意义。构式研究认为，语篇结构对下级语言单位的形式及内容都形成了强大的压制作用。该观点和会话分析重视语篇结构的思路一脉相承。甚至可以说，语篇研究成败的关键就在于，形式和意义能否并重。

会话分析发展至今，已有很多改变，但其中两大特征一直得以延续。首先是对自然语料的倚重。Sacks（1992）认为，研究者的内省式观察和语言直觉在会话分析中意义不大。任何人都无法预测实际会话环境，自然无法设想合理的例证用于分析。因此，会话分析强调使用自然会话，语料来源是现场录音和录像。随着技术手段的进步，语料获得方式逐渐多元化，录音和录像不一定由研究者直接获得。但是，会话分析对自然语料的坚持从未改变。这也是会话分析不同于其他研究路径的重要特征之一。

坚持使用自然语料也会带来一些问题。首先，自然语料不易获取，录音器材会干扰自然交流。真正自然的语料大多来自电话录音和允许自由录音的场景。随着人们隐私意识的增强，自然语料获得的难度不断增大。例如，早期研究中频繁使用的课堂语篇，在当下已经不那么容易获得。其他研究路径同样存在这一问题，只是格外倚重自然语料的会话分析受到的影响最大。其次，自然语料的收集、整理和分析需要耗费大量人力物力。即便是训练有素的研究者，也只能完成有限数量的语料分析。加之，会话分析有其独特标注方法，符号使用和呈现方式都比其他路径更为复杂，该做法无形中加大了会话分析的繁复程度。这两个问题导致会话研究的语料规模和分析范围受到限制，很难形成基于大规模语料分析的研究结论。在语言学越发重视大语料分析的趋势下，会话分析的发展确实受到了制约。

与书面语相比，口语结构更加凌乱，语法不够严整。会话分析重视口语交流，因而关注语料的各方面细节，例如对话中的停顿、口误甚至静默。为正确反映对话的实际情况，会话分析不放过语篇中任何微小的信息。为了保证分析效果，Jefferson（2004）建立了一套标注方法，把重点放在话轮转换中的关键信息上，例如话轮的开启和结束方式，以及结构调整的具体形式。同时，该方法标注对话的伴随特征，例如轻声、重读、语速甚至长音。下面这段对话的分析，对各种特征都进行了标注（摘自 Wooffitt 2006：12，E 指代 experimenter，S 指代 subject）：

1 E: hh something re:d. ehrm:: i- looks like it might be a
2 porcupine with lots of spines standing hhh standing up
3 S: yeah · hh
4 E: and then a frog=a frog's face peering over something
5 (0.8)
6 E: hh a ghost? coming out of a door: or a chai:r (0.5) like a mirror. (.)
7 in a funny house,
8 S: yeah=
9 E: =hh shapes (0.3) ahr:: are in this funny house
10 and shapes look like ehm ↑ bunny rabbits with weird ears
11 S: yeah (ch)hhuh huh · hhhh
12 E: then you said sheep lots of sheep
13 S: · hhhh (g)oads of sheep (pf)ah didn't know what
14 it was (hi-) · h hhh (k)huh uh ((smiley voice))
15 E: ok(h)a(h)y ((smiley voice))
16 (0.5)
17 E: huh
18 (3.5)
19 E: okay · hh something in the ceiling

在这段对话的分析中，不但说话人发生变化时都有明确的标注（第 3、8、11 行），甚至没有实际表达的静默也注明了时长（例如第 18 行 3.5 秒）。所有的非词汇表达也都明确进行了记录，例如 er、em 以及它们的变体形式。语调有变化甚至重读的部分，也都进行了标注，例如 ↑ bunny rabbits 中的箭头就表明这里有明确的语调上升。这种全方位标注的努力值得肯定，但也显著加重了研究者的工作负担。

会话分析的重点集中在五个方面，包括词语选择、实现方式、配对建构、修复手段和模式突破。词语选择是最容易引起注意的语篇特征，也是最初级的分析对象。无论分析何种语篇，研究者都会留意交流双方选择了哪些词语，这些词语又代表了怎样的信息。例如，在对话中选用"理发师"还是"Tony 老师"就能够透露出交流场景、参与者年龄甚至对话正式程度等很多信息。因此，会话分析会对词语的选用进行汇总和归类，以便找出语篇的关键特征。这种方法在语篇研究的不同路径中都有所运用，属于较为常规的操作。本书的分析框架也将其作为分析对象之一。

实现方式关注特定语义由何种方式实现，其分析角度多样，从语调变化到句式选择不一而足。同样是发出疑问，可以借助简单语调变化，也可以用一个陈述句实现。例如，"来晚了（升调）"和"我想知道你来晚的原因"都可以表达疑问语义。特定语义的实现方式非常丰富，多达数种甚至数十种。选择哪一种能说明很多问题。例如，交流中的一方不断使用"对吧""是吧"这类反问，而另一方却从不使用，两人地位很可能不平等。因此，不同实现方式的选择比词语选择蕴含的信息更加丰富。第三章讨论具体分析手段时，会从语法隐喻理论出发进一步探讨特定语义的多种实现方式。

配对建构最能够体现会话分析的特点。对话的基本结构是相邻配对（adjacency pair），如何完成其内部建构是会话分析的焦点。一般来说，相邻配对的内部成分是较为固定的。例如，一方提出问题，另一方予以回答。一方发出邀请，一方接受或回绝邀请。这些固定结构为交流双方所期待，也是对话顺利推进的保障。但在很多情况下，这种期待会被打破，例如邀请得不到回应，对方以沉默应对，或顾左右而言他。打破期待模式的方法很多，包括语气词的使用、反问、错误答案、转换话题等多种类型。关键在于，一旦期待被打破，对话双方就需要去弥补，以确保交流活动的顺利进行。因此，分析相邻配对的建构过程能够揭示口语语篇如何展开和推进，对深入理解社会交流有重要价值。

修复手段与上述词语选择、实现方式和配对建构有密切关联。说话人一旦意识到对话中出现了问题，无论是上述三个方面中的哪一个，都会试图进行修复。常见修复信号包括停止对话和不断重复。说话人利用停顿和重复的机会重新构思自己的表达，以便修复已经出现的对话裂痕。例如：

A：今天能完成实验报告吗？

B：今天还要去调研。

A：调研？

B：调研回来我就把报告赶出来。

在这段对话中，对“调研”的重复，就是修复信号。提出问题的一方希望得到问题的答案，因此重复“调研”，期待对方修复对话。回答问题的一方抓住该信号，给出了问题答案。这个例子表明，修复对话信号往往由信息或服务的接收方发出，而修复工作主要由破坏对话的一方负责。但实际情况可能更复杂，如在上面的对话中，B 听到问题后有可能反问“你说什么”。A 如果继续追问，B 才会进行对话的修复，否则对话将进入下一个环节。显然，此时修复信号是由信息接收方提供的，是否修复由发出方来确认。因此，会话分析提出了基本原则，具体情况则是千差万别。修复对话的方法还包括调整词语、更换语义实现方式、补足配对结构等。具体到每种情况又有多种选择，例如词语调整涉及替换、删除、重构等多种方法。

对话由多个相邻配对相互衔接实现。这些配对的边界较为清晰，而且在转化过程中会有较为明显的标志。会话分析最为关注的恰恰是这些转换标志，它们是口语语篇得以建构的纽带。例如，医患的诊疗对话一般可划分为以下几个部分：开场、询问病情、检查、诊断、处方和结束。每个部分的边界都会存在过渡性表述，用于引出下一部分对话。当医生说“检查一下”时，对话就会进入检查阶段。如果病人接过话题，开始配合检查，对话得以继续。但很多情况下，病人会在询问病情部分停留，希望医生提供更多病情细节。医生要再次提醒“先检查一下”，交流才能进入下一个阶段。会话分析对交流的推进非常感兴趣，希望找到语篇整体结构的关键。相关研究对改善服务行业的交流质量有重要的实际意义（Schegloff 1997）。

除上述几个方面，会话分析特别关注在何种情况下对话双方会突破既定模式，以及这种突破出于何种目的。日常对话中最为常见的既定模式突破是打断对方的表达，直接陈述自己的观点。我们都期待对方听完自己的表达，当表达临近结束，通常会出现各种形式的提示，例如，“这是我的想法，您觉得呢？”得到提示后，对方才会开始自己的表述。无论出于礼貌还是保障信息传达，逐一发言都是对话的最优选模式。但是常常会有人打破这种默契，在没有结束提示出现的情况强行发言。显然，这种做法有明确目的，是典型的有意而为。遇到这类情况，会话分析最关心的是行为背后的动机。

会话分析为自然对话的解析提供了全方位的操作方法，在实际分析中能够得到很好的应用。但是，会话分析作为语篇研究路径也有其自身的局限。首先，该路径源于口语研究，分析重点一直落在随机性的对话反应，以及即刻表达出现的背后原因。其中关键是对反预期表达的分析。越是突破既有模式的表达，越会引起研究者的关注。该分析模式在面对精心设计的书面语篇时，会出现力不从心的情况。书面语篇受到各种写作习惯和范式的约束，内部很难出现反预期现象。无论是词语、句式还是具体表达方式的选择，都会遵循一定的标准，越是正式的语篇越是如此。从这个意义上讲，口语分析和书面语分析的对象大相径庭。因此，会话分析的思路仅适用于随机性强、结构较为凌乱的语篇，并不能成为通用的研究模式。

其次，会话分析角度丰富，标注方法细腻，但没有回答五大特征之间是何种关系，如何共同服务于语篇建构。换言之，会话分析细节丰富但整体意识不强。如果把口语看作不同模块的整合体，会话分析能够很好地说明模块的特点，但是对于整合体的讨论有所欠缺。在这一点上，有必要借鉴其他研究路径，提出口语语篇的整体分析思路，并且把不同特征的分析融入整体考虑。会话分析紧扣社会交流实际环境，对文化属性关注不多，对特定文化背景下产生的对话显得解释力不足。因此，会话分析尤其需要重视大型语篇研究，以及对产生大型语篇的社会语境和文化背景的解读。

本节从 Sacks（1992）的研究出发，详细探讨会话分析出现的诸多特点，以及这一途径对语篇理解的独特价值。会话分析不仅关注语言本身，还特别重视语言的使用模式。在交流过程中，如何选择和组织语言本身就是一个值得深入研究的课题。由于篇幅所限，本书无法全面阐述会话分析的所有方面。感兴趣的读者可以依据本书提供的参考文献，开展更为深入的阅读。从整体上看，会话分析明显偏重于形式功能轴线的形式端，更加关注语篇的形式和内部结构，而较少讨论语篇的功能属性。在语言与社会的轴线上，尽管会话分析也关注语篇的社会特征，但其分析思路更倾向于语言本身。

## 2.3 系统功能分析

在语篇研究中，系统功能分析是被借鉴最多的研究路径。原因在于，该路径根植于系统功能语言学的庞大理论体系。该理论体系提供了从词语、小句、语篇到语境的完整分析框架，而且特别重视语法和语义的互动关系。完备的理论体系为多角度观察语篇特征提供了可能，导致在各类以“语篇分析”为名的研究模式中，都能看到系统功能语言学的身影，其中包括具有语用学倾向的研究（Brown & Yule 1983；Coulthard 1977）、社会学倾向的研究（Foucault 1970）和纯功能倾向的研究（Gilbert & Mulkay 1984）。

系统功能语言学由 Halliday（1956，1975，1978）创立，经过近 70 年发展，已经非常成熟。语篇研究中的很多问题都可以借此解决。系统功能语言学重视语言和社会之间的双向互动关系，认为语言塑造社会环境，社会语境则影响了语言的诸多特征。系统功能语言学认为语篇是意义的基本单位，语言和社会的交会点位于语篇层面。因此，该理论体系从诞生之日起就高度重视语篇研究，大量成果集中于语篇特征的分析和解读。该特点使得系统功能分析的思路更容易在语篇研究中得到广泛应用。系统功能语言学不但为语篇分析提供了理论基础，也成功建立了可操作性极强的分析框架。Halliday & Matthiessen（2014）认为语言是众多功能选择构成的复杂系统，能够帮助人们以丰富多彩的方式实现意义表达。因此，说明语言在功能和系统上的主要特征，成为该领域学者的长期追求。

系统功能语言学从纯功能角度解读语言形式特征。在现有的大量语言分析中，功能和形式单位并存。例如在句法结构分析中，能看到 NP、VP、AP 这样的结构单位，同时也使用 Auxiliary、Complement 这样的功能成分。在直接成分分析中，两类成分同时共存，各有分工。系统功能语言学对成分标注更加纯粹，所有的成分均为功能成分，无须借助结构单位。因此，该理论架构下的语法分析具有很强的语义内涵和外部指向。例如，事件参与者（Participant）可以在特定的语境下标注为 Actor\Carrier\Sayer 等功能成分，反映该成分的语篇实际贡献。更为重要的是，在小句层级的分析中，表意、人际和篇章三大元功能共存，对每个表述都有三个角度的思考。其中，篇章功能针对语篇内部架构和信息传递方式，在语篇研究中有良好的适用性。同时，表意功能和人际功能分析也关注语篇层面的影响。可以说，系统功能语言学提供了全方位、多层次的功能描述体系，有利于揭示语篇的整体特征。

在语篇研究中，系统的优势也得到了充分体现。作为复杂系统，语言包含大量动态和开放选择。在表达意义的过程中，语言使用者无时无刻不在进行选择，但所有选择都受到系统的整体约束。换言之，最后呈现的语篇是一系列选择的结果。而且，在特定语境下，这些选择有其必然性。该思路对语篇研究的价值显而易见，为语篇诸多特征提供了解释空间。可以说，系统内选择的思路是系统功能分析路径的底色。把握了这一点，就很容易理解该路径的整体操作模式。在系统维度，相关学者同样提供了可操作性极强的框架。例如，及物性被分为六个类型，即发生、感知、表述、关系、行为和存在，为表述事件过程提供了完整模式。

功能成分的外部指向和系统的有限选择，为语篇研究提供了可靠的分析路径，解决了语言层面的问题。对于语境，系统功能语言学同样提供了清晰的分析思路，其关键在于对语境的分层描述和多要素解读。语境被细化为“情境”类型和“文化”类型。前者描述语篇所处的当前环境，包含语场、语旨和语式三类要素；后者更加宏观，带入语篇产生的特殊文化背景，重点考察语篇文化意图和由此产生的特定结构。在情境语境下，三类要素交互作用，产生各种相对固化的语篇类型，称为语域（register）。文化语境催生特定的语篇类型，称为语类（genre）。

语篇研究特别重视语篇和语境之间的联系，不同研究路径的学者都提出了各自的分析思路。在解决这个问题时，系统功能路径更加务实和缜密。Halliday & Matthiessen（2014）认为，语场、语旨和语式在词汇语法层有具体的实现手段。语场主要指语篇讨论的主题，和表意功能密切相关，由围绕及物系统展开的复杂词汇句法选择来实现；语旨考察语篇交流双方的相互关系，主要涉及人际功能，由语气和情态两大体系支撑；语式关心的是篇章功能如何在语篇结构上发挥作用，由主、述位和新、旧信息之间的互动来决定。由此，系统功能分析路径成功搭建了语篇和语境之间的桥梁。语境不再是孤悬在语篇之外的模糊概念，而是由同类型语篇内多种选择共同奠定的稳定架构。语境作为稳定架构，也反向约束着语篇内部的多种词汇句法选择。因此，语篇和语境之间是动态的相互制约关系。

除了功能、系统和语境这些宏观的分析思路，系统功能语言学在微观层面也为语篇研究提供了重要的分析工具。其中影响最大的，莫过于衔接理论和评价理论。衔接理论由 Halliday & Hasan（1976）提出，经过近 50 年的实践检验，历久弥新，催生了大量研究成果。该理论说明小句如何通过非句法手段衔接为语篇，同时呈现清晰的脉络。Halliday & Hasan（1976）提出了语篇衔接的五种基本手段，即指示、替代、省略、连接和词语链。时至今日，这五种手段依然是语篇研究的基本观察角度，能够很好地说明语篇结构特征。Halliday & Hasan（1976）对五种手段的论述细致入微，配合了大量实例，极具可操作性。每种手段又细分为多个子类型，显著降低了语料标注和处理的难度。由此建立的分析框架是众多语篇研究方法中的典范。

主要由 Martin（1992）提出并不断完善的评价理论同样值得称道。这一理论的提出有特定的学术背景。此前的研究对语境的描写集中在语域层面，但在语类层面缺乏深入挖掘。Martin（1992）的初衷就是在这个薄弱环节有所作为。他认为语类有清晰结构和明确表达意图，需要用专门的手段加以说明。他和学生分析了超过 2,000 个各类中学科目的语篇，梳理了多种语类的结构模式。这一思路影响深远，后续研究者分析了包括历史、科学、新闻在内的多种语类，总结其阶梯式结构特征。评价理论的提出和语篇表意需求有直接的关系。 Martin & Rose（2003）认为，就语篇层级而言，共涉及六种意图，即评价（appraisal）、概念（ideation）、识别（identification）、联结（conjunction）、格律（periodicity）和磋商（negotiation）。他们对六种意图逐一进行了解读。时至今日，其中影响最大的是评价理论。

评价系统聚焦于人际功能，尝试说明语篇内部的各类表意资源如何协同工作，实现语篇的整体评价意图。换言之，语篇本身带有明确的评价意图，只不过这种意图散布在语篇各处。评价系统提供了一种分析路径，将隐藏的评价意图显性化。为此，Martin & White（2005）提出了评价分析的完整框架（见图 2.1）。

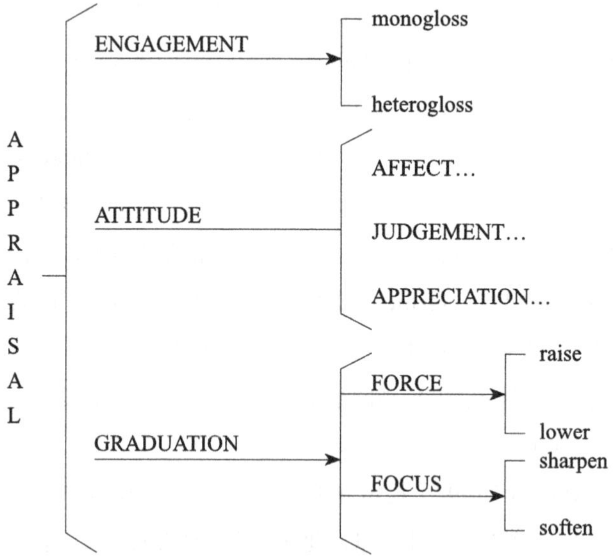


**图 2.1 评价系统（Martin & White 2005：38）**

如图所示，评价系统细分为态度（attitude）、级差（graduation）和介入（engagement）三个子系统，且三个子系统并不是并列关系。级差和介入子系统是态度子系统的辅助，三者相互协作，共同完成语篇的评价意义表达。三个子系统不断细化，构成了庞大的选择体系。

从整体上看，评价理论提供了新的思考角度，对语篇人际功能进行了深入挖掘，因而得到了广泛应用，涵盖了各种语篇类型。从规范的科技语篇到随意性较强的日常会话，语篇作者或多或少都会对语篇主题进行评价。在大多数情况下，这些评价散布在语篇各处，隐秘性较强，很难得到有效呈现。评价理论从根本上解决了这一问题。从目前的情况来看，评价理论和其他理论体系相互合作可以取得更好的分析效果。例如评价理论和传统语用学的合作原则相互结合，能够更好地解释语篇作者做出主观评价的内在动机。综上所述，系统功能分析路径依靠功能成分解读、系统描述、语境区分、衔接理论和评价理论，为语篇研究提供了全方位的理论架构和分析手段。观察角度丰富，理论和操作贯通，是系统功能分析路径最明显的优势。

基于上述特点，系统功能分析在语篇研究中得到了广泛应用。Halliday & Martin（1993）对科技语篇进行了全面分析，明确了科技语篇的信息结构和衔接方式上的突出特点。O'Halloran（2005）指出了数学语篇的关键特征，建立了针对性的分析框架，为后续研究奠定了基础。Coffin（2006）关注历史语篇，揭示了这类语篇在时空建构、因果分析和评价体系上的独特之处。Christie（1999）概述了各类学科英语的语篇特征，说明了不同学科在语篇建构上的异同点。临床类语篇也是重点应用范围。Armstrong（2005）分析了失语症、智力障碍症和脑损伤患者的语篇特征。Bartlett *et al.*（2005）借助衔接理论，挖掘孤独症患者在语篇建构过程中如何调动人际功能选项。Mortensen（2005）重点关注脑损伤患者的个人信件，解释脑部疾病如何影响语篇结构和语义表达。Togher（2001）讨论治疗师和患者之间的交流，解释了此类交流难以推进的痛点。

媒体类和政论性语篇同样受到重视。Moore（2006）讨论《经济学人》（*The Economist*）如何建构语篇结构和语义关系。Achugar（2008）借助语域和语类分析，重点关注互文性和评价系统，说明如何借助语篇建构改变自身形象。Silva（2006）采取类似的分析思路，但是分析变为对政治人物的评价。Bonnin（2009）的研究主题是宗教和政治语篇的密切联系。Young & Harrison（2004）的研究更加宏观，利用系统功能分析路径，呈现政治语篇如何使人们接受特定思维模式。

教育类语篇在系统功能分析路径中更受重视，成果也更加丰硕。Christie（2002）将教学内容和课堂指示划分为两类语篇，其比例随着年级的提升不断发生变化。课堂指示在低年级占更大比重，而教学内容随着年级提升，比重不断增加。教师需要区分和控制两类语篇，进而提升教学效率。Christie & Derewianka（2008）建立了学生课堂语篇数据库，时间跨度超过 20 年，深入分析了学生在英语、历史和科学课程上如何逐步掌握书面语写作技巧。研究结果表明，学生能否处理好抽象化、概括性、观点性的表达，对学校课程中的写作表现有着直接影响。

非母语和学科语言是另外两类受重点关注的教育类语篇。例如，Byrnes（2009）分析三个年级德国学生的英语写作特征，讨论一语和二语写作之间的主要差异，以及提升二语写作水平的关键要素。Oteíza & Pinto（2008）聚焦及物性和评价系统，探索西班牙和智利学生在语篇理解中的主要困难。Hood（2010）从评价系统入手，对比以英语为母语和二语的学者如何在学术语篇中评判已有研究。国内同样有大量系统功能视野下的课堂语篇研究（如张德禄 2005）。学科语言的系统功能分析重点一直在科学和数学语篇，其中包括对课堂师生科技类对话的分析（如 Lemke 1990），对师生数学语篇建构不同模式的讨论（如 Chapman 1995），以及对数学语篇中语气和情态使用特征的挖掘（如 O'Halloran 2004）。

前文提到，会话分析更加偏重于形式端，而系统功能分析则明显指向功能端。基于明确的功能属性，该路径在各种类型的语篇分析中都可以得到应用。语篇不同于词语和句法，词语和句法在结构上有强大的内在规律性，能够很好地约束其形式特征。语篇本身就是形式和意义的综合体，受外部条件的影响更大。系统功能分析重视意义和语境，赋予语篇研究更加灵活的应用空间，自然容易得到广泛的应用。下一节介绍的批评话语分析同样位于功能端，但是它突出的特征在于对语篇社会性的关注。

## 2.4 批评话语分析

批评话语分析在语篇分析中占有一席之地。但批评话语分析本质上偏向于社会学研究，很大程度上偏离了语言学研究的核心区域。因此，本节对这一研究路径做简要介绍，主要说明该路径对语篇研究的影响。批评话语分析萌芽于20世纪90年代，已经发展成为内容丰富的研究领域，为语篇研究带来了新的气息。刚接触批评话语分析，会觉得该领域较为杂乱，没有一以贯之的分析方法，涉及的主题也五花八门。与话语分析和系统功能分析相比，这种感觉会更加强烈。

首先要明确，批评话语分析以问题为导向。为解答具体研究问题，批评话语分析可以糅合各种研究思路。因此，单纯从分析方法观察的话，就会形成批评话语分析杂乱无章的印象。但统帅各类方法的核心问题始终是对权力意识、身份认同、政经地位的关注。可以说，批评话语分析的实质是通过语言分析揭示社会属性。至于用何手段来揭示社会属性，并没有严格的限制。只要把握这一点，就能够对批评话语分析形成较好的理解。批评话语分析属于典型的跨学科研究，对修辞学、语言学、人类学、哲学、社会学、心理学、认知科学和文学都有所涉及。就语言学而言，涉及最多的是社会语言学、系统功能语言学和语用学，其中对系统功能语言学的影响最大。由于其涉及内容广泛，van Dijk（2007）曾经提出将批评话语分析升级为批评话语研究。考虑到本书写作目的，本节内容始终把语言放在核心位置，不做过多的拓展。

对批评话语分析的理解要从“话语”和“批评”两个角度入手。批评话语分析的英语表述是critical discourse analysis，这里的discourse没有被翻译为“语篇”，而是“话语”。采用这一译法的原因在于，批评话语分析关注的绝不是纯粹语言意义上的语篇，而是糅合了语言、语境和社会等多种内涵的话语。批评话语分析认为语篇是意义生成资源，在表征社会生活的同时也在塑造社会。具体而言，语篇建构了语境、知识体系、社会认同甚至人与人之间的关系。更有甚者，该领域学者认为，语篇在塑造社会的同时也在改造社会。同类语篇反复使用，逐渐固化为既定模式，进而催生和改变社会群体、族群、性别之间的关系。批评话语分析关注显性化语篇塑造社会的一面。因此，其分析对象不是简单的语篇，而是内涵更丰富的话语。

批评话语分析的社会取向不是无源之水。20世纪80年代，西方社会人文研究的主要领域都出现了语言学转向，学者们开始把语言问题和社会文化讨论相结合，批评话语分析正是在这一趋势下出现的。从另一个角度看，语言学的发展也为批评话语分析提供了成长的沃土。批评话语分析的分析手段大多来自语言学，特别是系统功能语言学。正是因为语言学的丰厚积累，批评话语分析才有了逐步壮大的可能。因此，批评话语分析和语言学研究的关系非常紧密。正是考虑到这一点，有必要专设一节讨论批评话语分析。批评话语分析为语篇研究提供了新的观察角度。语篇中的各类语言现象，都可以放在特定社会环境中解读。可以说，语言学研究因此有了强大外援，很多语言现象得到了新的诠释。语篇不再是一个产品，而是意义生成的过程。

在语篇和社会环境关系的探索中，Halliday（1994）的理论最为全面，影响力也最大。正如Wodak & Meyer（2009）所说，理解系统功能语言学的语境理论对于开展批评话语分析至关重要。Halliday（1994）的理论内容丰富，其中三个观点对批评话语分析最为重要：1）语篇是为了满足特定群体的需求，在特定语境下产生的；2）语篇由作者和读者在社会生活中共同建构，并且以各种语体形式逐渐完成规约；3）在规约过程中，语篇的布局、架构、句式、词语甚至标点符号都受到限制。这些观点说明了语篇建构的过程，与Bakhtin（1986）语篇建构思路不谋而合。更重要的是，Halliday（1994）提出了描写社会文化语境的具体途径，使得空泛的语境讨论得以落地。

批评话语分析中的“批评”，其来源比“语篇”更为悠久。它起源于古希腊，经历了文艺复兴，并延续至当代社会，历久弥新。在哲学和社会学研究中，批评分析指的是以更理性的态度来思考问题，从而对流行的观点形成新的认识。具体到批评话语分析，其中的“批评”和马克思主义理论及晚期法兰克福学派学说有着密切关系。在这些理论和学说中，批评分析是为了更好地解释和改变社会现象，对我们讨论的批评话语分析有巨大的启发意义。

由于批评部分并不是本书关注的重点，这里只做简单解读。就其用途而言，批评大致分为三种类型：1）作为揭示手段的批评；2）作为反省方法的批评；3）作为改造助力的批评。无论哪种类型，其中的关键人物都是著名的法国学者 Foucault。其主要影响在于评判现代权力话语体系，尝试建立新的政治学理论。更重要的是，Foucault（1970，1972）对权力问题的关注延伸到社会运行机制的方方面面。他对于现代话语机制的揭示，是通过著名的“知识考古”（archeology of knowledge）的方式来进行的。可以说，Foucault（1970，1972）以一己之力建立了全新的语篇分析思路，对语篇类型的产生和建构过程进行了全面反思。

批评话语分析可以划分为几个方向，其中包括：1）社会符号学方向；2）学科对话方向；3）社会认知方向。第一个方向出现最早，前期被称作批评语言学研究，主要理论基础和分析框架都来自系统功能语言学。该方向聚焦于语法形式的选择如何反映语篇产生的社会环境和意识形态特征，例如特定语篇中被动式、及物性和名词化的选用受到何种表达背景的制约。批评语言学研究方向较容易建立起具体语言现象与社会语境的联系，在实际分析中可操作性极强。近 15 年来，该领域研究逐渐向符号学方向发展，开始把图像、色彩、空间布局甚至声音特征纳入多模态的语篇分析（van Leeuwen 2005b）。在此基础上，该领域对语篇社会背景和文化特性的探讨变得更加全面。例如，Graham（2006）讨论信息科技发展如何改变了原有的语篇类型划分，如何重塑了新的语篇类型。

第二个方向——学科对话，是批评话语分析近 30 年最重要的革新，由 Fairclough（1995）开创。其核心观点在于，提倡批评话语分析和各学科之间的对话。为此，Fairclough（1995）强调语篇三大特征，提出建立三维分析模式，其中包括文本分析、过程分析和社会分析。文本分析限定于文本内部的语言特征，过程分析聚焦于文本产生过程及同类文本的内在联系，社会分析揭示文本产生的社会文化背景。无论哪个维度的分析，

Fairclough（1995）最重视话语霸权的形成方式以及话语模式改变的原因。20世纪90年代前后，该方向的研究集中于话语和政治权力的关系，以及基于知识体系的话语霸权。近十年，该方向的研究与时俱进，关注信息社会和知识经济如何影响语篇建构。Fairclough（1995）的研究思路被冠名为语篇的三维分析模式。这种说法反映了该思路的特点，但也忽略了分析模式之外的思想内涵。例如，Fairclough（1995）特别关注两个问题：1）语言分析和语言背景分析是什么关系，哪个起到主要作用？2）分析过程中谁的判断具有决定意义？这两个问题至今没有确切答案，但是对问题的思考让我们体会到，学科对话的追求绝不仅限于提供新的分析模式。

第三个方向围绕社会认知展开。核心成果是van Dijk（1993）开展的系列研究，其核心关注点在于语篇的社会认知特征，涉及较多的是人们对种族、意识形态和知识体系的认知。对van Dijk（1993）的研究有很多介绍性文章，这里不再详细阐述，但有两点需要说明。首先，van Dijk（1993）所说的认知不同于认知语言学里的认知概念。他认为认知在根本上具有社会属性，各类语篇的研究必须考虑社会认知。为说明社会认知，van Dijk（1993）对群体社会信仰进行了细致区分，包括意识形态、社会文化、社会规范和共同价值等方面。其次，他认为社会认知制约着个体的行为，间接对语篇建构造成影响。在语篇研究中带入社会认知，为后续研究带来了新的思考方向。

上述三个方向触及语篇的方方面面，涵盖文化、政治、经济、知识和群体认知等要素。开放的分析谱系表明了批评话语分析多样化的追求。因此，批评话语分析更像是秉持同一理念的多种研究。具体到实际分析层面，各个方向也提出了自己的解决方案：社会符号学方向主要遵从Halliday（1994）的术语体系和分析方法；在学科对话方向，Fairclough（1992）提出了九大分析内容，其来源和Hallliday（1994）的理论有着千丝万缕的关系；社会认知方向并没有明确分析对象，只是提出了分析原则。本书重点介绍学科对话方向的九大内容，说明它们与系统功能理论的共通之处。

Halliday（1994）划分了三大语言元功能，即表意功能、人际功能和篇章功能。Fairclough（1992）提出的语篇九大分析内容，和表意及人际功能有明确的对应关系，特别是其中的互动、情态、礼貌和理念，和人际功能密切相关。互动和语篇结构有关，涉及话轮转换、话题设定、对话进程控制等要素。互动分析能够揭示交流双方的社会地位和权力关系的差异。情态和语法体系相关，调控表达力度。大量使用的情态助词和情态副词，在语篇建构中多角度调整双方关系。礼貌特征的分析思路来自语用学，以面子理论为依托，提供社会关系的多种信息。价值观涉及人们通过语言和非语言行为建构的社会认同，在潜意识中支配语篇建构过程。

其余五大分析内容和表意功能有关，不断产生或挑战语篇知识体系，具体包括：连接方式、及物性、语义潜势、词语选择和隐喻。语篇内连接方式的选择代表着某种文化和社会背景。在连接架构上，Fairclough（1992）继承了 Halliday（1994）的阐述、拓展和加强的概念。在分析层面，Fairclough（1992）运用系统功能语言学中成熟的术语体系，包括指称、替代、连接词和词语链。两个层面相互配合，很好地解释了语篇的诸多特征。及物性分析在批评话语分析中占有重要地位，用于区分不同的事件类型。在系统功能语言学中，所有事件被划分为六类，Fairclough（1992）将其调整为四个，即关系、行为、状态和心理类型。他还引入了系统功能语言学的主位概念，用于呈现语篇的信息结构。语义潜势考虑词语的多种意义选择，而且选择不限于词典中的语义项。词语意义随着语篇使用情景发生灵活变化，对语境改变和语篇类型具有指标意义。相比而言，词语选择的指标意义更加明确，指对相同语义的不同词语的选择。在不同的语篇中，同一语义会有多种词语对应。为何做出此类选择，选择过程中受到了哪些因素的制约，都是可以深入探究的问题。对词语选择的关注，是不同语篇研究路径的共同特征，也是语篇研究不可或缺的内容。九大分析内容中的最后一个是隐喻，同样和词语使用密切相关。但Fairclough（1992）的隐喻概念涵盖了传统研究中的比喻、拟人和转喻，上升到了思维方式的判断。这一点和认知语言学中的隐喻讨论最为近似。从上述讨论可以看出，批评话语分析不仅重点参考了系统功能语言学，而且对其他语言学理论也多有关注，呈现出兼容并蓄的态势。

## 2.5 叙事分析

叙事是极为常见的社会交流活动，最普通的形式就是日常生活中的“讲故事”。作为社会活动，叙事历史悠久，在文字出现之前，知识积累和传播的主要途径就是叙事。人类文明中遗存的史诗和神话故事，就是叙事的最早期形态。叙事扩散到社会生活的方方面面，从随意的日常交流到正式的法庭辩论，叙事都扮演着重要的角色。正因其普遍性和重要性，叙事分析是语篇研究的重要路径。同前几种路径相比，叙事分析更重视语篇结构，特别在意叙事结构如何与社会环境、听众背景及表达需求相互契合。

早期叙事分析与两位学者密切相关，分别是苏联语言学家 Propp（1968）和法国人类学家 Levi-Strauss（1966）。前者提出故事中有相对固定的结构，而且不同结构担任不同功能；后者认为全世界讲故事的方式看似不同，但都拥有一些共通属性，故事结构包含几个主要部分。后世学者不断发展他们的观点，对叙事逐渐形成两个基本认识：第一，故事中看似凌乱的信息，可以简化为有限的几个部分，并且结构和功能特征都比较明确；第二，叙事分析需要区分抽象的故事素材和最后由讲述人呈现的表现形式。这些观点已经在现代语言学研究中获得了广泛的认同。语篇研究的各种途径都把划分语篇结构与功能作为基本操作。而抽象素材和具体故事的关系恰恰是系统功能语言学中“系统”和“实例”概念体现。

在前人研究的基础上，Labov & Waletzky（1967）做出开创性研究，为叙事分析奠定了独立的学术地位。他们提出针对个人经验叙事的形式分析手段，认为这类叙事过程由几个明确的步骤构成，其中包括提要、导入、事件进程、结局和评价。简言之，提要提醒听众故事的价值，有必要花时间去倾听。导入提供故事背景，例如事件、地点和相关人物。事件进程是故事的主体，一般依据故事发生的顺序推进。结局为故事收尾，而评价则更多是讲述人的主观判断。评价部分也可以穿插到故事语篇的不同步骤中，例如介绍完故事人物后，讲述人也常常会评价人物的相貌和性格特点。事实上，评价话语经常占到非常高的比例，甚至语篇的主要部分都可以是评价。因此，Labov & Waletzky（1967）提出故事中的话语可以明确区分为两个部分，即事实和评价。事实部分是故事本身的信息，而评价部分则完全由讲述人添加。因此，Labov & Waletzky（1967）认为叙事既不是简单复述过去，也不是随意谈论发生过的事情。叙事的方式通过设定好的表达步骤，建构出事件。叙事中的事件常常和实际情况不符，充满了额外信息。

从 Labov & Waletzky（1967）的观察不难推知，叙事是由讲述人和听众合作建构新的事件。林林总总的叙事相互编织，实际上重新建构了我们的社会生活。现在看来，这一观点已经不再具有颠覆性。但在 20 世纪 70 年代，Labov & Waletzky（1967）的研究改变了当时的主流观点。人们意识到，语言不仅仅是事实的映射，在更多情况下，语言是对“事实”的塑造。研究观念的改变推动了当时语言学的发展，也为 Bloomfield（布龙菲尔德）学派画上了句号。本章讨论的语篇研究路径，都在不同程度上继承了 Labov & Waletzky（1967）的观点。

20 世纪七八十年代，叙事分析引起很多学者关注，催生了诸多研究。其中，van Dijk（1977）说明了讲述和理解故事所需的宏观语义结构，Fillmore（1982）分析了故事结构和语法特征之间的关系，进而在叙事分析领域引入了更多语言学思考。Schiffrin（1981）走得更远，力图建立起英语句子时态选择和评价话语之间的联系。但是，这一时期对叙事分析的批评也不在少数。叙事分析关注讲述人建构的语篇，而几乎不考虑听众的作用。Labov（1972）提出的分析方法针对日常故事讲述，接近于个人独白。而且，Labov（1972）并未尝试将这套分析方法用于其他类型语篇的分析，由此极大地限制了叙事分析的范围。在实际的社会交流中，个人独白式的故事讲述并不具有普遍意义。

自20世纪90年代开始，学者们尝试在叙事分析中带入互动方面的思考。例如，Schiffrin（1996）建议更多地考虑听众如何直接或间接参与故事讲述。Polanyi（1985）认为，听众在讲述过程中的反应，完全可以彻底改变讲述的内容和方式。同时期会话分析异军突起，其研究理念给了叙事分析很大启发。Lerner（1992）认为，故事讲述人即便是独自发言，心中也会假想听众与之进行交流。预先准备的故事更是从一开始就设定了某种类型的听众。Ochs & Capps（2001）据此提出，需要为叙事分析建构更具弹性的分析框架，在其中加入讲述人体征、听众特征、道德定位、嵌入结构等多种额外要素。可以说，后Labov时代的叙事分析扩大了研究视野，开始阐释互动性的叙事。

从叙事分析近20年的发展来看，该研究路径呈现出两个明显的趋势：1）重视叙事和身份建构的关系；2）重视实际社会场景中的叙事。前者表明该领域学者越发关注叙事如何塑造社会。人们在讲述故事时，首先为自己建构一个社会身份，同时也试图让听众接受这种身份。例如，Kyratzis（1999）就发现，在讲述同样的故事时男性和女性通常会使用不同的叙事策略，建构不同的故事结构。人们在讲述自己的故事时，身份建构的痕迹更是表露无遗。为了让自己的形象更加得体，更能够被社会接受，不同的人可能呈现不同版本、不同结构的故事，恰似罗生门（De Fina *et al.* 2006）。重要的是，这些身份建构的努力在语篇结构上都有所反映，甚至完全颠覆了既有语篇结构。

最近15年，叙事分析更加重视实际场景中的故事建构，其中着力最多、成果最显著的是关于法律文本的讨论。Johnson（2008）分析了警察问询犯罪嫌疑人时的叙事特征。对比问询刚刚开始时嫌疑人的故事结构和问询结束时警察建构的故事结构，故事内容没有变化，但是警察的叙事方式充分考虑了问询内容需要作为审判证据的需求。因此，其叙事线索更加清晰，故事结构更加合理，能够很好地说明事情的原委。两个版本的故事在叙事方式上的差异，表明叙事必然受到预设场景的限制。Harris（2005）分析了法庭上律师询问证人的叙事特征，从有效性角度说明了叙事方式的重要性。她发现法庭上有两种形式的证人询问环节。第一种是辩护律师作为叙事主体，对案发场景进行重现，证人只须简单地回答“是”或“否”。整个叙事实际上是由律师完成的，证人只是作为助力出现。这类叙事容易被对方律师反对，随即被法官叫停。第二种以证人为主体，律师提出一些简单问题。证人在律师的引导下，对整个事件进行复述，所有细节均来自证人。该叙事结构通常不会被对方律师打断，比第一种流畅很多。Harris（2005）认为第二种叙事远比第一种有力，叙事内容也更容易被法官采信。第二种叙事更加成功的根本原因在于，它注意到了法庭的实际情况和法官的接受程度。

综合上述讨论，可看出叙事分析已经走出了早期局限于个人故事的套路。互动性、人物特征和社会情境的带入，为叙事分析提供了更加丰富的视角，也使得这一研究路径更贴近真实语篇。但是，叙事分析依然更看重结构特征，没有改变形式分析的色彩。无论从哪个角度切入，叙事分析的落脚点通常都在语篇结构有何种改变、语篇内部步骤有怎样的调整等方面。这是叙事分析的强项，但也在某种程度上限制了它的发展。就本书研究而言，同样的故事在不同语言中可能呈现不同的叙事逻辑和叙事方法。

## 2.6 多模态分析

多模态分析以研究对象命名，和其他分析路径大不相同。系统功能分析依托完整的理论体系，批评话语分析强调研究思路，会话分析重在方法。只有上节讨论的叙事分析和多模态分析有相似之处，但后者的涵盖范围远大于前者。多模态指多种信息传递手段的整合，多模态语篇汇聚了包括语言在内的多种符号系统，例如图像、面部表情和肢体语言。传统语篇研究以语言为唯一对象，忽视了语篇的多模态属性。现代语篇通常会涉及文字、排版、色彩和图示等多种符号形式，已经是多模态语篇。多模态分析路径正视该问题，探索多种符号如何协同建构语篇，以及各符号之间的相互影响。从研究思路上看，多模态分析路径承袭了很多纯语言分析的概念，也充分借鉴了绘画、设计和音乐等研究领域的做法。

多模态研究的兴起和现代传播技术的发展密切相关。19 世纪末至 20 世纪初，杂志、广告和电影的发展不断改变信息传递模式，语篇中的图形、色彩和影音变得越来越丰富。电视和电话的普及对语篇形式多样化起了决定性作用。计算机技术进步和互联网普及使语篇彻底实现了多模态化。除了部分传统领域，日常语篇基本以多模态形式呈现，语言甚至可能不是语篇的核心符号系统。由于这些迅猛的变化，多模态分析在近 30 年里受重视程度越来越高，相关理论和研究思路随之出现。

20 世纪 40 年代，布拉格学派就已经将语言学研究思路拓展到视觉艺术和剧场艺术。到 60 年代，相关研究已经较为成熟。例如，Veltrusky（1964）认为戏剧是多重符号系统，应该将布景、服装和道具作为戏剧语言的重要构成部分。70 年代，巴黎学派学者开始关注流行文化和大众传媒中的多模态现象。其中，Barthes（1967，1977，1983）的系列研究最具影响力，也为后世的研究指明了方向。Barthes（1977）提出，照片中的人物、事件和场景均有内涵和外延双重含义。照片不仅仅描述现实，也在表达某种想法。这一观点和中世纪及文艺复兴时期的绘画作品理论完全一致。因此，视觉作品实际上扮演着抽象概念表达者的角色。而且，视觉作品的主题比较清晰，可以用相对简单的词语概括。Barthes（1977）的想法对后世影响非常大。当下我们看到的各类图库都是按主题进行归类的，例如家居、自然、美食、儿童等。人们已经默认任何视觉作品都应该表达某个概念。Barthes（1977）还提出，语篇内语言和图像之间的关系有两种，即说明关系和依赖关系。前者指语言和图像含义并行，在语义上相互说明；后者意味着语言和图像相互依赖，不可分割，没有对方，语言和图像的语义都不完整。这些想法非常具有启发性，对后世学者影响很大。例如，van Leeuwen（2005）的研究思路就承袭了这些想法。

同时期，美国语言学家也对多模态语篇表现出兴趣。Danehy（1960）提出了访谈过程中各类符号要素分析的完整思路，Birdwhistell（1973）建立了分析肢体语言的完整框架，但真正使多模态分析获得独立学术地位的是悉尼学派的学者。他们深受Halliday的理论影响，成功地将多模态对象纳入语篇研究范畴。这些学者最重要的贡献在于，为不同的符号系统建立"语法"体系，使相关分析有可靠的理论框架。O'Toole（1994）和Kress & van Leeuwen（2006）相继借鉴系统功能语言学理论，为视觉艺术作品分析建立了分析框架；Martinec（2000）关注肢体语言；Bateman & Schmidt（2012）分析电影作品；van Leeuwen（1999）甚至把音乐纳入了研究范围；在单模态分析的基础上，Bateman（2008）分析多种模态如何在语篇中相互融合，并为此建立了理论框架。上述悉尼学派学者对多模态语篇分析进行了全方位的探索，积累了大量的成功经验，他们的理论成为目前最为成熟的研究路径。

悉尼学派学者的多模态研究方向虽然丰富，但是都秉持系统功能语言学理念。首先，对任何符号形式而言，意义都是共通的，我们只是以不同符号体系来表达同样意义。换言之，意义由文化和社会语境产生，并不依附于某个符号形式。就形式和意义的关系而言，多模态只是以多种形式实现同样的意义。其次，悉尼学派学者认为，不同符号体系表达意义的效果并不相同，原因在于它们对信息的承载能力和方式并不相同。例如，视觉作品的意义表达方式是即时的、非线性的，而且更加依赖空间关系。而语言的意义表现形式是线性的，更依赖时间体系。最后，人们以何种符号体系表达意义，与当时的物质条件和技术进步有莫大关系。在信息传递手段单一的时代，人们以高密度文本传递信息，文字是最主要的表意符号系统。随着技术进步，图表甚至视频进入语篇，成为语义表达的重要手段，和文字平分秋色。可以预见，随着技术的持续进步，意义表达会越来越依赖视觉作品，数据视觉化的时代正在到来。当下短视频平台大行其道，正是这种表意趋势变化的明证。

作为一种全新的研究路径，多模态语篇分析在进行理论创新的同时，也必须解决很多实际的问题。其中最重要的三个问题是：1）如何描述语言之外的符号系统；2）如何分析不同符号系统之间的关系；3）如何解读各符号系统与社会文化语境的关系。考虑到其他符号系统和语言有诸多不同，上述问题可以借鉴语言分析的思路，但是显然不能完全照搬，必须进行大量创新。很多学者为上述三个问题提供了答案，但截至目前尚未形成统一的认识。

现有语言学体系为语言特征描述提供了完整思路。以系统功能语言学为例，语言被描述为多个相关系统的整合体，即系统网络。同时，语言涉及三大元功能，划分为词、句、语篇等多个层级。语义和形式之间的关系可以得到精准解读。对语言之外的符号系统，上述理念不一定完全可行。以图像为例，各局部是整体布局的有机构成部分，不同于语言清晰的结构划分。同时，图像具有相似性特征，需要和被描述的事物有一定相似性，这与语言的高度符号化特征有本质不同。换言之，语言符号的意义是在社会生活中被不断赋予的，而图像的意义则与生俱来。综合这些特点，想要把语言的各种系统套用到图像分析上，一定会遇到困难。

为了解决描述非语言符号特别是图像的问题，学者们提出了两种思路。一种思路是对非语言符号系统进行抽象化处理。例如，抽象出图像中的几何特征如点、线、面或图形，并总结出各个图像的构图模式。又如，西方油画中有明确的透视关系，不同类型画作中的点、线、面关系有较强的规律性。中世纪宗教作品和文艺复兴时期作品在构图模式上有着明显的差别。反观中国山水画，由于较少依赖透视关系，其构图模式整体上不同于西方作品。抽象化思路在其他符号系统中也可以得到应用。例如对于肢体语言和面部表情，可以抽象出其中的关键图形特征，并找到变化的规律。这种思路可以通过数学方法不断强化，发展出针对不同符号系统的算法。目前广泛应用的人脸识别技术，其实就是延续抽象化的思路，通过面部重要点位的图形模式来区分不同的面孔。显然，这种思路和语言分析有共同之处，都强调分析对象的层级特征。

第二种思路深受格式塔理论影响，更强调非语言符号系统的整体性。格式塔理论源于心理学研究，强调经验和行为的整体性，认为整体大于部分之和，主张以整体结构观来研究各类现象。因此，坚持第二种思路的学者将非语言符号系统作为整体进行分析。例如，图像中的色彩、布局、比例等要素应该被界定为参数，并依据参数的重要性进行不同比例的赋值。通过参数综合分析，研究者可以对图像形成整体描述。与之类似，音乐、建筑甚至城市布局都可以通过这种方式进行多模态整合分析。这种思路的优点显而易见，可以打破语言分析中形成的层级化思维，对非语言符号系统形成全新的认识。

从目前的情况来看，两种思路均得到了相当程度的运用，其中第一种更为常见。这主要是因为大多数多模态研究学者具有语言学背景，更擅长进行抽象化分析。O'Toole（1994）对绘画作品的分析几乎完全复制了Halliday（1994）的理论架构，将绘画作品的意义分为三类，对应于三大元功能。绘画作品也被划分为不同的层级，从整幅画作到局部场景，再到其中的人物，逐层分割，这与语言研究中的层级划分思路一致。在这种研究思路下，对画作各部分关系的分析也承袭了系统功能语言学中及物性系统的描述方法。例如，Kress & van Leeuwen（2006）在分析一幅画作时，将其中的两组人物作为参与者，连接两组人物的隐性斜线表现事件过程，而画中的背景被划定为环境成分。作品传达的意义几乎被转写为语言表述，相当于解释画中故事。这一思路能够很好地说明非语言符号系统的语义特征，对绘画作品尤其有效。但是，该思路和语言分析的相似度太高，也容易导致过度解读和刻意说明。

三大问题中的第二个，即如何解读不同符号系统之间的关系，是多模态语篇分析中最重要的问题。前文提到，语篇分析的重点包括语篇内部结构和语篇外部指向。在多模态语篇中，语篇内部结构分析最依赖的是对不同符号系统关系的说明。很多学者从不同角度对该问题进行了解答，其中包括对文字和图像关系的说明（Bateman 2008），对肢体语言和话语联系的描述（Martinec 2000），以及对语言和数学公式配合方式的阐释（Lemke 1998；O'Halloran 2003）。种种尝试不断丰富和深化了对不同符号系统关系的认知。

综合上述研究可知，多符号系统结合给多模态语篇的意义表达带来了很多不确定性。可预见的是，多符号系统提升了语篇意义表达的潜力，使得语言无法或难于表达的意义得以轻松传达。而且，多符号系统合作实现了整体大于部分的表意效果。从已有的研究来看，各符号系统之间的协同还是遵从了三大元功能的划分方式，主要在单个功能内部实现互助。例如，图片和文字配合，共同实现表意功能。但各符号系统之间的联系常常是跨层级的。例如，一个手势可以强化单独一个词语的语义，也可以服务于整个段落的表达。除了提升意义表达潜力，多模态语篇内部的符号系统也可能形成分歧，甚至自相矛盾。例如，在很多教材中，图片完全不能说明文字内容，甚至可能引起学生误解。出现这种情况固然和教材设计的缺陷有关，但也说明多符号之间的协调并不容易轻松获得。事实上，多模态语篇的重要特点就是这种内部的不协调性，它所反映的也许就是客观世界最真实的存在。

这个问题未来最重要的突破在于，是否可以建立一套横跨各符号系统的通用分析框架，来充分说明多符号系统之间协作、并行甚至矛盾的关系。有了这套分析框架，就可以打破传统语言层级的思维约束，充分解读特定符号系统的信息点如何被其他符号系统放大或压缩。必须看到，建立这套分析框架的难度极高。特别是随着技术的进步，多模态语篇中出现大量的视频和互联网超链接，分析的难度成倍增加。例如，我们日常打开的网页中都有可点击的超链接，用于说明专用词语和提供更多信息等多种目的。它们和文字的关系已经变得非常复杂，甚至成为语篇和语篇之间的纽带。如何将此类现象纳入未来的分析框架，是多模态语篇分析面对的一个巨大的挑战。

第三个问题是如何建立各符号系统与社会文化语境的联系。这个问题的难度比前面两个问题的更大，相关的探索也最少。所有符号系统都是在社会实践中逐步建立和完善的，因而被赋予了复杂的社会含义。仅仅是符号系统的选择，就已经构成了一定的社会含义。迄今为止，高等级信息传递还是以语言为主，我们很难想象正式的防疫通知以短视频的形式发布。以系统功能语言学中的语式理论分析，不同符号系统依旧有自己的特定使用范围。在多模态语篇中，多种符号系统无法严格以现有的语境理论解读。例如，当语类体现文化语境时，表现为相对固化的语篇结构和信息传达模式，但在图像、表情、肢体语言等符号系统的分析中，这一结论几乎无法得到应用。非语言符号系统打破了语言的线性排列模式，使现有语境描述术语体系失去了应用空间。有些学者甚至借助眼动仪跟踪人们面对多模态语篇时注意力的变化过程，希望借此说明此类语篇的结构特征，但效果有限（Holsanova *et al.* 2006）。不难看出，开展多模态语篇的社会属性分析，在理论和操作层面几乎要另起炉灶，学界显然没有做好相关准备。

通过对三大问题的梳理，多模态语篇分析的现状和挑战已经展现得较为清晰。由于出现时间晚，分析角度多，多模态语篇分析的难度远大于其他分析路径，很多基础性问题都还没有答案。偏偏多模态语篇复杂度更高，而且技术进步带来了更为复杂的多模态表现，该领域研究步伐一直赶不上多模态语篇的演进速度。例如，面对当下以视频为载体的语篇，分析绘画作品的理论框架就完全没有解释力。人们甚至怀疑，语篇这一概念是否还适用于短视频时代的信息传递。多模态语篇分析的另一个挑战来自技术本身。录音机曾被誉为语言学研究最重要的技术突破，为语言记录和分析提供了保障。但是移动时代的语篇分析显然需要更强大的技术。图像和视频的信息量远大于文本，传统语料分析手段已无法承受。很多学者利用数据分析软件标注和分析多模态语篇，甚至开发了专门的分析平台来支撑相关研究，但依然面临巨大的工作量压力。或许未来人工智能技术的进步会有效解决这一问题，但就目前来看，多模态语篇研究依旧存在着巨大的技术瓶颈。

## 2.7 研究路径的综合运用

本书不会简单选择某个研究途径，而是依据研究需求综合各研究路径的优缺点，针对具体语篇加以针对性运用。语篇研究的最初推动者来自社会学领域而非语言学领域（Gilbert & Mulkay 1984）。如果对语篇研究的初衷缺乏透彻理解，很可能沦为唯语言论者。必须理解为何分析语言，才能确定正确的研究思路，进而选择恰当的研究方法。宏观而言，语篇研究要明确研究对象，真正需要关注的是语篇特征，而不是语篇理论。

上述各节内容表明，语篇研究可以在不同领域获得广泛应用，但是各路径之间的差异也非常明显。任何分析路径都不能从其本体论和认识论背景中剥离出来。每种路径对语篇的认识从一开始就有所不同，对语言和社会的关系也有着不同的解读。这些差异在理论架构和研究方法上都会有所体现。因此，使用每个分析路径时，必须从理论和方法上将其作为一个整体来看待。但也必须看到，每种路径的边界并非不可打破；相反，它们的重合之处甚多。每个语篇研究者都可以在取各家所长的基础上，建立一套综合性的分析架构。其中包括最重要的两个部分：1）多角度的理论架构；2）多类型的分析手段。前者为我们提供了更宽广的视野，在多方借鉴的基础上对语篇形成全面的认识；后者为我们提供了丰富的操作方法，让我们在面对具体问题时，总能有所选择。基于这样的认识，下一章的核心任务就是建立综合性理论框架，提供工具包式的分析手段集成。

# 第三章 语篇对比研究的要素和框架

## 3.1 两类要素的区分

不同于词汇和句法对比，语篇对比研究仍不成熟，还有大量问题需要解决。最为关键的问题有两个：1）如何建立适用性较高的理论模型，服务于不同类型语篇的对比；2）如何设计具备良好操作性的分析框架，解决语篇研究中的实际问题。这两个问题密切相关，相互制约。本章通过确立核心要素的方法建构理论模型，并以此为基础，提出语篇对比研究的分析框架。

第二章广泛回顾了常见的语篇研究路径，详细阐释了不同路径的异同。本章更注重各类分析路径之间的联系，以语篇的共性来引导理论模型的建构。换言之，我们需要建立一个兼容各家优势的理论模型，使其有效服务于语篇研究，从而为本书的对比研究提供操作空间。这就要求我们重新审视第二章论述的各种研究路径，找出各类分析要素的共同点。另外，这些研究路径以各自的研究目的或研究对象为导向，不加区分地选择分析要素。例如，批评话语分析几乎囊括了各类语篇要素，只要能够实现研究意图，任何要素都可以纳入考虑范围。其他各种研究路径也有类似做法，在要素选择上持开放态度。

本书认为，有必要对已有语篇研究路径进行整合，找到各路径涉及要素的公约数。基于第二章的内容，本书整合后的语篇研究要素包括：语音特征、词语选择、词类转换、词义归属、信息结构、句式类型、指称关系、衔接成分、词语链条、互文特征和评价手段。这 11 类要素涵盖了语篇研究的主要线索和关键信息，同时继承了前人研究的成功经验。从整体上看，上述要素可以分为两大类。第一类要素与语篇自身的建构有关，最重要的贡献在于呈现语篇内容和搭建语篇结构，具有显著的内向性特征。第二类要素则更具外向性，主要指向语篇所处的特定背景，对它们的分析和解读必须带入具体语境。此类要素的核心作用在于，将语篇锚定在规约化的语境之中。基于这一思路，本书将 11 类语篇分析要素划分为：1）语篇建构类要素，包括语音特征、信息结构、指称成分、衔接成分和词语链条；2）语境指向类要素，涉及词语选择、词义归属、词类转换、句式类型、互文特征和评价手段。

在任何语篇中，这两类要素必然同时存在，相互协同。但是它们在不同类型语篇中的重要性并不相同。越是专业化的语篇对语境的依赖就越为明显，语境指向类要素的重要性自然更高。例如学术语篇是在高度专业化的语境下形成的，很多信息都隐含在作者和读者共同认可的语境中。无法进入该语境的读者基本不具备阅读学术类语篇的能力。例如，很多词语的语义在学术语境中有特定的指向，互文特征中的信息大多隐藏在特定学科知识建构的语境中。专业语篇所依赖的语境有明显的社会属性，集中应用于特定领域。对于语境的三大参数，即语场、语旨和语式，此类语篇分析的线索较为清晰，界定更为容易。值得注意的是，专业化语篇中的语境指向类要素有跨语言趋同特征，专业化程度越高，趋同性越明显。以专业化程度最高的学术写作为例，世界各地的科学家无论使用何种语言，其语境指向类要素的特征都高度雷同。对比分析英汉学术写作，不难发现语境指向类要素的使用极具规律性。换言之，在专业化语篇对比研究中，语境指向类要素的价值相对有限，较难成为分析的重点。

专业化语篇使用大量语篇建构类要素，其结构更为复杂。相对而言，这类要素倒是应该作为专业化语篇跨语言对比分析的关键。原因在于，语篇建构类要素更多地受到语言类型学特征的制约，容易表现出更多的跨语言差异。例如，英汉学术写作中都需要使用连接成分，但两种语言中连接成分的多寡和使用习惯会有很大的差别。因此，在专业化语篇中，建构类要素的跨语言差别远大于共性，对比分析的重点自然应该放在建构类要素。

日常语篇的对比分析又是另外一番景象。此类语篇和语境的关系更为复杂，缺乏明确的规律性。首先，日常语篇的信息传达同样依赖语境。但此处所说的语境是借助大量文化背景知识建立起来的，并不以专业知识为依托。这一点和专业化语篇完全不同。也就是说，日常语篇和专业语篇都依赖语境，但前者的语境有更强的文化特征，后者的语境则更具社会属性。因此，日常语篇应该以文化特征为主要分析内容，其中的线索更为凌乱，难度远大于对语篇社会属性的分析。开展跨语言语篇对比研究时，对日常语篇的分析重点应该放在文化特征上。我们知道，文化特征对语篇的结构性要求远高于内容性要求。例如，我们在日常对话中特别重视话轮的完整性，以推进交流为最高需求，交流的内容并不是最重要的考虑。在不同文化背景下，日常语篇的结构会展现出较大差异。例如，同样是电话交流，英汉语篇的结构明显不同。简而言之，开展日常语篇对比研究时，语境指向类要素是分析的重点，并且，此时的语境讨论更多地和文化背景联系在一起。

日常语篇中的语篇建构类要素也具有一定的重要性。但是，日常语篇的结构相对短小、松散，且自由度较高，并不像专业化语篇那样结构严整和庞大。相对专业语篇而言，日常语篇研究中对语篇建构类要素的分析强度要小得多。因此，在日常语篇的对比研究中，需要同时注意语篇建构类要素和语境指向类要素，只是应该给予后者更多的关注。综合考虑专业语篇和日常语篇的情况，英汉语篇对比研究的内容如表 3.1 所示：

**表 3.1　语篇分析要素的侧重点**

| | 专业语篇 | 日常语篇 |
|---|---|---|
| 语篇建构类要素 | 比例较高 | 比例较低 |
| 语境指向类要素 | 社会属性 | 文化背景 |

从表 3.1 不难看出，我们对不同类型语篇的分析应该有不同的侧重点。在日常语篇中，语境指向类要素分析和不同文化背景的关系更为紧密。而在专业语篇中，社会属性成为语境指向类要素的主要分析方向。两相比较，语境指向类要素在不同类型语篇中的指向是有所不同的，需要分别从社会和文化语境两个角度进行解读。语篇建构类要素在不同类型语篇中的差异只体现在程度上。语篇专业性越突出，语篇建构类要素的使用程度越高。因此，在语篇对比研究中，两类语篇要素的选择和分析会随着语篇类型的改变而调整。需要注意的是，专业语篇和日常语篇的区分并不是严格对立的，两类语篇更像是连续变化体的两端。如图 3.1 所示：

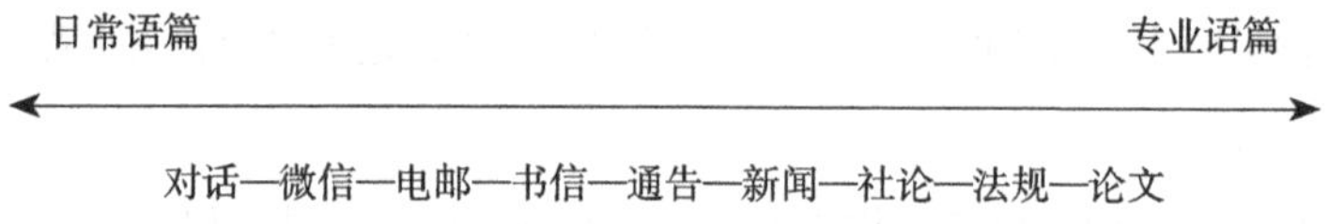


**图 3.1　专业语篇和日常语篇的模糊边界**

将语篇要素区分为两大类显然还是不够的。为开展可操作性更强的分析，需要对语篇要素进行量化呈现。这就对两类语篇要素的识别和判定提出了更高的要求。语篇本质上是语义单位，通过各项语篇要素来实现语义的表达。当我们讨论语篇要素时，需要对每种要素在词汇语法层的实现形式有较为清晰的描述。笼统地提出语篇有何种特征并没有太大的实际意义，具体分析需要在词汇语法特征上落地。为此，本书对各类语篇要素有较为严格的界定，同时明确陈述这些要素的识别和判断依据。有鉴于此，下面两节内容对这两类语篇要素进行细致界定和梳理。

## 3.2 语篇建构类要素

前文提到，语篇建构类要素包括语音特征、信息结构、衔接成分、指称成分和词语链条。它们相互协同，构成了语篇结构的主要线索和制约条件。需要说明的是，本书讨论的语篇建构类要素是总括性概念，需要依据英汉两种语言中的实现手段进一步细致区分。

### 3.2.1 语音特征

语篇的语音特征涉及语调、节奏和韵律的变化。语调依附于词语或句子，不能独立存在，因而是典型的结构性要素。无论何种语言，都拥有多种语调，各语调协调作用，形成一定的节奏和韵律。这些节奏和韵律对语篇结构具有极大的约束力。但是，不同语言中节奏和韵律的实现方式并不相同。Halliday（1994）认为，人类语言有两类核心韵律模式，即音节韵律和音步韵律。前者是音节定时，节奏的产生依赖音节更迭，每个音节的长度基本相当。拥有音节韵律的语言，音节结构相对简单，例如汉语、日语和法语。后者是音步定时，也称为重读定时。每次重读都标记着音步的边界，而每个音步的长度大体相当。这也意味着，对于拥有音步韵律的语言，音节的长度可以变化不定，每个音步包含不同数目的音节。这类语言的代表是英语和德语。为了开展英汉语篇的对比研究，首先要正确把握两种语言在节奏和韵律上的差异。

英语依赖轻重读的变化，形成稳定的节奏，进而发展出稳定的韵律。

其中影响最大的是抑扬格五音步，在英语诗歌和散文的建构中扮演着重要角色。在语篇层面，这种节奏特征仍然发挥着重要的影响力。其中表现最为突出的，是在语篇内部建立信息结构时所起的作用。信息结构可大可小，与句子结构并不完全重合。在很多情况下，信息结构可以涵盖多个句子，甚至整个语篇。在信息结构中，核心成分是已知信息和未知信息。语篇建构的重要目的是在已知信息的基础上提供新信息，因此对新信息的标记非常重要。默认的非标记性结构是已知信息 + 未知信息，但这只是理想的状态，很多时候未知信息需要特别标记。

除了常规的结构和句式手段，语调变化和韵律特征是非常重要的未知信息标记方法。例如在“He stands on the burning roof.”中，在缺乏具体语境的情况下，我们只能通过重读来判断未知信息是 burning 还是 roof。观察视角扩大到语篇层面，通过重读形成的韵律特征可以将未知信息放在句中的其他成分上。Halliday（1994）认为，英语韵律系统有助于建立语篇内部各单位之间的逻辑关系。重读音节之间，同样存在着类似句子之间的并列和从属关系。通过将未知信息放置在韵律节奏点上，可以将语篇中的重点信息串成网络。

同样的道理在汉语中也是适用的，但实现方式有所不同。我们知道，汉语是音节韵律型语言，依赖的是汉语的单音节特征。汉语的节奏感来自句子的均匀结构和句尾的押韵。这一特点在古诗词中体现得最为明显，但在语篇建构中同样发挥着重要作用。随便读点古汉语语篇，我们就能发现，整个语篇的结构完全建立在音节韵律特征之上。例如在《苏秦以连横说秦》和《司马错论伐蜀》这样的名篇中，语篇的结构和韵律变化完美契合。甚至可以说，在“欲富国者，务广其地；欲强兵者，务富其民”等表述中，对韵律的追求甚至主导了内容的安排。在现代汉语中，韵律特征同样在语篇建构中发挥着巨大的作用。句尾词的选择、排比句的运用、句间押韵关系的处理，都能为语篇标记出大致的轮廓，同时为强调未知信息提供巨大助力。在下面这段文字中，上述特点体现得淋漓尽致。三个“全面”的结构整体上提供了未知信息的大背景，排比句的运用使语篇结构清晰可辨：

“十三五”时期，全面深化改革取得重大突破，全面依法治国取得重大进展，全面从严治党取得重大成果，国家治理体系和治理能力现代化加快推进，中国共产党领导和我国社会主义制度优势进一步彰显；经济实力、科技实力、综合国力跃上新的大台阶，经济运行总体平稳，经济结构持续优化……

（中宏科研，2020-10-29）

英汉不同的语调和韵律特征为英汉语篇的建构带来了不同的特点。但这类研究很少能够充分展开，语音特征甚至常常被排除在语篇研究的范畴之外。本书第五章在讨论高校官网语篇的差异时，将语篇的语音特征纳入讨论范围，希望为判读英汉语篇差异提供新的观察视角。

### 3.2.2 信息结构

语篇信息结构包含两方面特征，即新旧信息的排列和主述位的选择。相比而言，前者比后者更为复杂，分析线索也更为凌乱。对于新旧信息而言，理想的情况是旧信息先出现，为新信息提供背景，接着新旧信息交替出现，语篇稳步向前推进。但实际情况是，出于强调、刻意、误判或者其他原因，新旧信息的排序有各种复杂情况。有可能在完全没有旧信息的情况下直接推出新信息，也可能只有旧信息的重复，迟迟等不到新信息。而且，新旧信息和语法单位之间并没有严格的对应关系。有些信息，特别是新信息，可能只是一个词语。另外一些信息可能覆盖整个甚至几个句子。因此，语篇内的新旧信息是点状分布的，各信息点之间并不像语法成分之间有结构上的联系。新旧信息的散乱分布状态，决定了它无法成为语篇建构的主干。

语篇作者为了把握语篇的整体走向，还必须依赖主述位的选择，考虑如何放置核心信息。主位通常位于句首，结构重要性突出，述位居于句末，对主位信息进行说明。语篇作者对于句首内容的选择有足够的控制力，通常把需要强调的信息放置在主位。而且，这类信息可以是新信息也可以是旧信息。通过分析主位信息的变化，可以很好地揭示语篇作者对信息表达的内在需求。在对话中，主位的选择更是能够非常好地呈现交流双方的表达重心。总的来看，新旧信息和主述位相互配合，共同建构语篇内部的信息结构。两两相配，会出现四种组合关系，如表 3.2 所示：

**表 3.2　新旧信息和主述位的选择关系**

| | 主位 | 述位 |
|---|---|---|
| 新信息 | 1.主位+新信息 | 2.述位+新信息 |
| 旧信息 | 3.主位+旧信息 | 4.述位+旧信息 |

显然，四种组合的强调级别并不相同，其中“主位 + 新信息”是强调级别最高的。其余三种组合的强调级别，按照表格中标注的数字依次降低。在不同类型的语篇中，四种组合的整体选择倾向不尽相同。在学术语篇中，“主位 + 新信息”的出现频率可能更高。在课堂语篇中，“主位 + 旧信息”的情况更容易出现。开展英汉同类语篇的对比研究时，不同组合关系的选择倾向也可能出现明显的不同。英语语篇中的信息强调方式，未必能够在汉语语篇中找到对应。究其原因，可能与英汉表达习惯的差异有关，也可能是受到两种语言语法结构的制约。在不同类型语篇的对比研究中，这些问题会得到进一步的探讨。

### 3.2.3　衔接成分

这里讨论的衔接成分含义比较宽泛，涉及语篇中所有起衔接作用的语法单位。因此，衔接成分包含从词语到短语的多种形式。Halliday &

Matthiessen（2014）对英语语篇中所有的衔接成分进行了充分的概括，如图 3.2 所示：

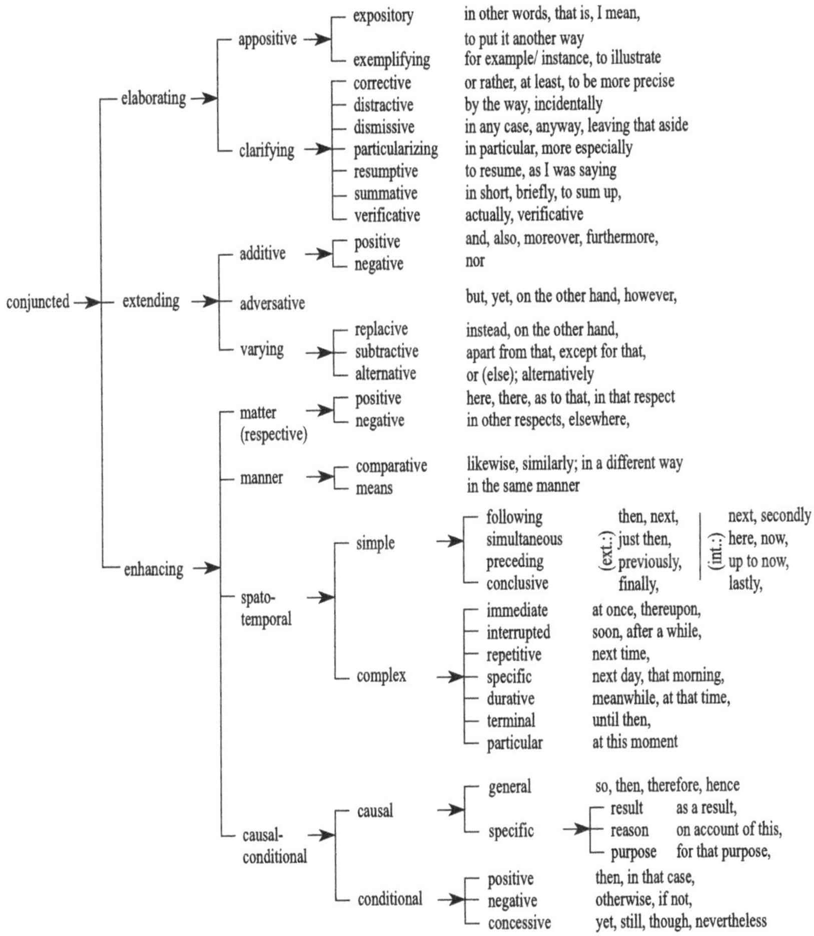


**图 3.2　英语语篇衔接成分汇总（Halliday & Matthiessen 2014：612）**

图 3.2 中的衔接成分按照语义关系分为三类，即阐述（elaborating）、拓展（extending）和加强（enhancing）。每类语义关系进一步划分出

子类型，例如加强又可以分为相关（matter）、方式（manner）、时空（spatio-temporal）和因果（causal-conditional）。这套分析方法在英语语篇研究中被广泛应用，证明行之有效。本书在讨论英语语篇时，基本上承袭了这套分析方法。然而，对于汉语语篇的分析，不能简单地套用该分析框架，主要有两个原因。首先，汉语的衔接成分与英语有很大不同，几乎没有对应关系；其次，汉语在使用衔接成分上比英语要节制得多，很多语义衔接是隐性的，不一定像英语那样需要明确的形式标记。到目前为止，还没有对汉语衔接成分的充分总结和分类，完成这项工作显然也超出了本书的写作范围。为此，本书采取折中的方式，以杨延宁（2020）对汉语中的关联词和关联副词进行的汇总为基础，进行完善和补充（见表 3.3）。

**表 3.3　汉语关联词和关联副词（杨延宁 2020：71）**

| | **并列** | **从属** |
|---|---|---|
| **拓展** | 而且、并且<br>或、或者<br>不但……而且……<br>也<br>同时<br>但、但是、可是 | 此外、另外<br>而<br>却<br>还 |
| **加强** | 就、才<br>于是<br>然后<br>从而<br>越……越…… | 如果<br>因为<br>只要<br>虽然<br>为<br>当<br>如果……就……<br>只要……就……<br>……之前<br>……之后 |

如表 3.3 所示，汉语中明显缺少“阐述”类别的关联词和关联副词。这并不是说汉语中没有表达阐述语义的衔接手段，只是这类表述已经不再是严格的关联词或关联副词。例如，“换言之”“具体而言”“简而言之”“事实上”这类表述已经属于短语，不能归于词的范畴。同理，在“拓展”和“加强”两个类别中，依然可以补充大量的短语。表 3.3 经过调整，形成表 3.4：

**表 3.4　汉语语篇中的衔接成分**

| | 并列 | 从属 |
|---|---|---|
| 阐述 | 换言之、即、例如、比如、准确地讲、简而言之、总结起来、综上所述、事实上 | |
| 拓展 | 而且、并且、或、或者、不但……而且……、也、同时、但、但是、可是、从另一个角度看、同样的 | 此外、另外、而、却、还、其次、次之 |
| 加强 | 就、才、于是、然后、从而<br>越……越…… | 如果、因为、只要、虽然、为、当、如果……就……、只要……<br>就……、……之前、……之后、首先、随后、之后、最后 |

显然，表 3.4 中的词语和短语并不能穷尽汉语中所有的衔接成分，但此表已可帮助我们完成汉语语篇衔接成分的基本分析，能够保证英汉语篇对比研究的顺利进行。

### 3.2.4　指称成分

语言演化到一定阶段，会发展出一套指示上下文信息的专属语义成分，用于建构语篇内部的指称关系。从整体上看，指称成分出现的最大意义在于提高信息的可识别度。如果语篇作者认为特定信息可从上下文识别，就会使用指称成分。如果认为这样做困难较大，就会为该信息补充足够的额外说明，使之尽量不依赖上下文。从这个意义上讲，指称成分是一种不断将上下文信息带入读者视野的手段。在语篇中合理运用指称成分，能够以非常经济的方式将句子串联起来。英汉两种语言都拥有丰富的指称成分，各自形成了完整的体系。

按照系统功能语言学理论，指称成分分为三类，即指示词、人称代词和比较关系词。在许多语篇分析中，研究者经常把指示词等同于指称成分，实际上窄化了指称的范围。指示词在汉语和英语中没有严格的对应。汉语中的"这""这些""那""那些""这里""那里"可以和英语中的 this、these、that、those、here、there 形成对应，但是汉语中找不到一个特定的指示词，能够准确实现 the 的指称作用。人称代词是英汉两种语言中对应关系最好的部分。英语中人称代词包括 he、him、his、she、her、hers、it、its、they、them、their，所有这些表述在汉语中都有明确的对应。相较于前两类指称成分，比较关系的表达更加复杂，在英汉语中的表现也有很大差异。我们可以通过表 3.5 进行对照：

**表 3.5　英汉语中的比较型指称成分**

| | | 英语 | 汉语 |
|---|---|---|---|
| **形容词性** | 相同语义 | same、equal、identical …… | 相同、同样、同类 …… |
| | 相近语义 | similar、additional …… | 相近、近似、类似 …… |
| | 不同语义 | other、different、more、less、fewer、further、better、bigger、smaller …… | 不同、更好、更差、更大 …… |

（待续）

（续表）

| | | 英语 | 汉语 |
|---|---|---|---|
| 副词性 | 相同语义 | identically、likewise | 相同地 |
| | 相近语义 | similarly | 类似地 |
| | 不同语义 | otherwise、differently | 不同地 |

从表 3.5 的情况来看，汉语表达比较关系的指称成分不如英语丰富。有些英语中常用的比较类指称成分，例如 likewise 和 otherwise，很难在汉语中找到合适的对应。在不同类型的语篇中，英汉语对指称成分的使用倾向也会有所不同。英语科技语篇指称成分的使用频率远大于汉语科技语篇。例如，this 和 that 的使用非常频繁，但在汉语中，“这”和“那”很难起到同样的作用。关于这一点，在实际语篇对比的后续章节中还会谈到。

### 3.2.5 词语链条

当语篇内的词语有密切语义关联时，会形成前后照应的词语链条。而且，贯穿语篇的词语链条往往不止一条。这些词语链条相互呼应，形成语篇内容的重要线索。构成词语链条的方式有很多，涉及词语之间的多种语义关系，其中最为常见的是同义词的重复。下面这段话中出现了大量的同义词，例如导数、自变量、因变量。这些词呈现了语篇的线索，构成了语篇的主要表达内容：

导数（Derivative），也叫导函数值。又名微商，是微积分中的重要基础概念。当函数 y=f（x）的自变量 x 在一点 x0 上产生一个增量 Δx 时，函数输出值的增量 Δy 与自变量增量 Δx 的比值在 Δx 趋于 0 时的极限 a 如果存在，a 即为在 x0 处的导数，记作 f'（x0）或 df（x0）/dx。

导数是函数的局部性质。一个函数在某一点的导数描述了这个函数在这一点附近的变化率。如果函数的自变量和取值都是实数的话，函数在某一点的导数就是该函数所代表的曲线在这一点上的切线斜率。导数的本质是通过极限的概念对函数进行局部的线性逼近。例如在运动学中，物体的位移对于时间的导数就是物体的瞬时速度。

不是所有的函数都有导数，一个函数也不一定在所有的点上都有导数。若某函数在某一点导数存在，则称其在这一点可导，否则称为不可导。然而，可导的函数一定连续；不连续的函数一定不可导。

（百度百科，导数）

这一语篇中也出现了一些近义词，例如“极限”和“极值”，“斜率”和“变化率”。这些词语链条同样对语篇建构有贡献。反义关系也可以形成有效的词语链条。上面这段话中的“可导”和“不可导”，“连续”和“不连续”就是典型的反义词语链条。同义和反义词语链条在语篇中配合使用，能够形成很好的支撑关系。和同义、反义相比，上下义关系也可以构成有效的词语链，但在语篇分析中常被忽视。在上述文字中，“函数”和“导数”就是典型的上下义关系。除了各类词语级别的语义关系，建构词语链的另一个重要途径是搭配关系。这里所说的搭配关系不局限于相邻词语是否契合，特定语篇中的词语在整体上同样相互呼应。例如上文讨论“极值”概念时，先后搭配了“趋于”“逼近”，和“导数”“函数”搭配的是“代表”“描述”这类动词。在特定类型的语篇中，这种由搭配关系构成的词语链比词语之间的语义关系还要稳定，甚至成为这类语篇的写作规范。

在本节讨论中，我们逐项梳理了语篇建构类要素，其中包括语音特征、信息结构、指称关系、衔接成分和词语链条。这些要素扮演着语篇黏合剂的角色，将语篇内不同的语法和信息单位紧密连接在一起。这些要素大致分为两类。其中一类主要制约句法结构，包括语音特征和信息结构；另外一类包括指称关系、衔接成分和词语链条，核心作用在于建立语篇内部的逻辑线索，其功能显然是超句法结构的。当然，这种划分的边界并不严格，两类要素也会交织在一起。例如，信息结构也可以是超句法结构的，甚至可以在整体上统摄语篇。同样，衔接成分也可用于句内成分的衔接，这一点在汉语中尤其明显。无论如何，这些语篇建构类要素发挥作用的空间局限于语篇内部，较少受外部语境的牵制，对这些要素的分析相对单纯。在接下来的讨论中，分析的重点转到语境指向类要素，其复杂度更高，确定性更低。

## 3.3 语境指向类要素

### 3.3.1 语境解读的三个维度

语篇语义的很大部分指向外部语境，语篇的正确理解必须依赖对语境的解读。当我们阅读语篇时，语境指向类要素不断闪现。借助这些要素，我们能够很容易地判断出语篇所处的语境。但是语篇研究的挑战在于，怎么把这些语境指向类要素以可分析的形式呈现出来。换言之，对语境指向类要素的讨论需要有坚实的出发点，即对语境的正确解读。因此，在讨论语境指向类要素之前，本书需要对语境理论进行简要的梳理。

语境理论虽多，但基本是对语境进行抽象式概括，本书需要具有可操作性的理论架构。经过综合考虑，本书选择系统功能语言学作为理论架构。在这一理论架构之下，很多学者展开了对语境的探讨，其中最重要的研究包括 Halliday（1978，1994）、Martin（1992）和 Eggins（1994）。这些研究描述了语境的微观特征，提供了语境在词汇语法层面的实现手段。本节的讨论以这些成果作为出发点，在使用范围上适当进行拓展。

系统功能语言学对语境的描述秉持三分思路，即语场、语式和语旨，三个维度相互支撑，共同建构语境。与既有研究不同，本书认为这三大维度同样可以用于文化语境的描述。传统的系统功能语言学理论将三大维度局限在情境语境中，更加关注语境的社会属性。因此，系统功能语言学并没有彻底说明文化语境和语篇的关系。该学派学者对此有很多争论，他们倾向于将文化语境独立出来，从语篇结构特征的角度加以说明。例如，在赌博合法的文化语境下，会发展出拥有独特结构的赌博类语篇。本书认为，语境的社会属性和文化特征确实有明确的差别，但是都可以用语境三大维度加以解读。

具体而言，无论社会语境还是文化语境，语场所关注的都是语篇的主题，和表意功能密切相关。语式观察特定文化和社会情境下的语体变化，由篇章功能集中体现。而语旨挖掘语篇参与者的人际关系，以人际功能为依托，在社会属性和文化特征突出的语境中都可以得到体现。因此，本书将语境区分为社会语境和文化语境两个类型，但并不认为语境有大小之分。社会语境和文化语境只是语境描述的不同角度，后者并不比前者更为宏观。最重要的是，社会语境和文化语境都可以从语场、语式和语旨三个维度来描述，只是具体内容分别与社会属性和文化特征结合得更为紧密（见表 3.6）。

**表 3.6　社会语境和文化语境的差异**

| | **社会语境** | **文化语境** |
|---|---|---|
| 语场 | 专业主题 | 日常主题 |
| 语式 | 应用语体 | 文化习惯 |
| 语旨 | 社会距离 | 传统差异 |

在社会语境中，语场和语篇的专业主题密切相关。例如，科技语篇和体育语篇主题差异明显，语场特征明显不同。在文化语境中，语篇主题和日常活动联系更为紧密，跨语言差异明显。在美国文化语境中，常见以种族为主题的语篇，但在中国文化语境中，这类主题的语篇则难见踪迹。语式在社会语境下反映为语体的变化，最重要的表现是语体正式程度的区

分。例如，学术论文和脱口秀属于不同语体，语式差异显而易见。文化语境对语体差异的影响和文化习惯有关，即便是同样的语体，在不同文化中表现形式也有所不同。例如，同样是政治类语体，东西方文化下的语篇差异就非常明显。语旨对语篇的影响在社会和文化语境下也有所不同。在社会语境下，交流双方的关系由社会地位界定。在不同文化语境中，交流双方的关系差异明显。例如，同样是师生关系，在东西方文化语境中，呈现形式就大不相同。语境三大维度的社会属性和文化特征是相当复杂的话题，值得深入探讨。受本书写作内容所限，我们只是在语篇研究的视角下做简单说明。需要强调的是，社会语境和文化语境的区分方便我们讨论具体问题，但在实际语篇研究中，二者经常交织在一起。

在三分思路之下，每个语境维度都可以在词汇语法层找到各自的线索。本节讨论的语境指向类要素受到三个维度的共同制约。换言之，任何一个语境指向类要素都必须考虑语场、语式和语旨的综合影响。在有些情况下，三大维度同时发挥作用。例如，语篇中的词语选择要同时考虑语场、语式和语旨的共同作用。在另一些情况下，只有两个甚至一个语境参数在发挥作用。例如，互文特征更多地受到语场的制约。在下面各节中，语境指向类要素的解读从语场、语式和语旨的角度展开，力求建立各要素和语境的有机联系。

### 3.3.2 词语选择

词语选择是语篇研究中最显而易见的分析要素，也最容易流于形式。由于语境的差异，词语的选择总会有一定的倾向性。首先，语场中日常主题和专业主题的区分能够带来词语选择上明显的差异。就英语而言，由于其词源丰富，拉丁语、法语、德语和凯尔特语背景的词语杂糅共处，因此当语场较为专业化时，拉丁语和法语背景词语出现的频率较高。在日常表达中，日耳曼语系词语则更为常见。汉语有悠久的历史，同样表述常有文言和白话之分。越是专业化语篇，越倾向于使用文言背景的词语，日常对话的词汇则以白话为基础。同时，现代汉语专业语篇在发展过程中充分借鉴了英语专业语篇，其中的欧化词语选择明显偏多。词语选择并不能完全说明日常语篇和专业语篇的差异，但会提示我们语篇所处的语场发生了改变。而且，日常语篇的语场有可能涉及更多文化主题，而专业语篇的语场和社会属性的关系更为密切。

在语篇研究中考虑词语选择时，来源问题显然不是唯一的观察视角，甚至不是最重要的观察角度。其他视角至少包括程度、语体和搭配，但它们同样受到语境的制约。无论何种语言，都拥有一组语义相近但表达力度不同的词语。例如在英语中，fairly、justly、equally、equitably、impartially、without bias、without prejudice、even-handedly、lawfully、legally 和 legitimately 拥有近似的语义。在部分情况下，可以将其中语义最为相近的词互换使用。但是这些词在表达力度上的差异是显而易见的，从左到右越来越正式。在特定类型的语篇中，其中只有部分或者特定的几个词语才是适用的，例如 lawfully、legally 和 legitimately 最可能出现在法律语篇中。词语表达力度的差异在汉语中同样普遍。例如，公道、公平、公允和公正有相近语义，但表达力度不同。在不同语篇中，其中只有某一个更为合适。简而言之，不同力度的词语选择同样能够呈现语场的变化。

语境对词语选择的制约作用同样体现在语式维度。例如，way、manner、approach、method、methodology 这几个词语的选用就受到语篇风格的制约。我们在学术性论文中看到的通常是 method 或 methodology，在日常写作和对话中更可能出现的是 manner 和 way，在文学语篇中频繁出现的是 means、mode 和 style，到了技术文件中 procedure 和 technique 就成了主流，而在政治语篇中 strategy 和 tactic 恐怕更为常见。当我们谈论不同语体时，词语的选择一定是其中重要的观察。词语差异甚至可以具体到某位作家的写作风格。有些作家的词语选择极具个人风格，甚至成为其作品的标签。“我不但相貌凶恶，行为也很凶恶。”当我们读到这样的句子，就能察觉到王小波作品特有的语篇语式特征。

在分析词语选择时，常被忽略的角度是搭配关系的影响。我们知道，很多词语的选择需要考虑和句子内部甚至句子外部其他词语的搭配关系。通常这种搭配关系都会比较符合我们的预期，不会出现大的异常。但是当词语的选择不完全遵循既有的搭配关系时，就会形成非常有特点的表达方式，引起读者的注意。在实际语篇分析中，需要特别注意反常规的词语搭配。无论是从来源、程度、语体还是搭配的角度来看，不符合语境预期的词语选择，都是语篇研究的重点。

在语境三大维度中，语旨和词语选择的联系同样不容忽视。当语篇中的交流双方关系有所调整，词语选择必然会受到影响。例如当下大行其道的科技博客，就充分展现了词语选择如何受语旨左右。下面这段文字为读者科普物理学中的粒子知识：

> 我们所能认知的宇宙中的一切，都是由无数个微观粒子所组成的，而微观粒子组成更复杂的结构的过程中，不但需要累积“砖块”（也就是实物粒子），还需要将这些“砖块”粘接起来的“水泥”（也就是粒子间的相互作用力）。科学家们描述微观粒子以及它们之间的相互作用的理论叫做粒子物理学的标准模型。
>
> （中国科学院高能物理研究所，2022-4-10）

科技博客和学术论文最大的不同在于读者群体的设定。科技博客的预设读者是普通人而不是同行专家，作者和读者的关系发生了根本性的改变。考虑到普通读者的知识储备和理解能力，科技博客作者必然要调整语篇写作思路，其中最为突出的就是选择更易于理解的词汇。例如上段话中的“砖块”“水泥”，表明作者在尽力用普通词语来替代专业术语。综合本节的讨论，我们会发现，语篇中的词语选择作为重要的语境指向类要素，同时受到语场、语式和语旨的制约。

### 3.3.3 词义归属

虽然同属词语范畴，但词义归属和词语选择的观察角度大不相同。前者考虑单独词语的多种语义，后者分析多个词语中的优化选择。我们知道，任何词义归属都是在一个语义场中实现的，和语境有密不可分的关系。词义归属对语式有更大的依赖性。同样的词语在不同语式的语篇中会呈现完全不同的词义。因此，日常生活中常见的词语，在学术语篇中就有可能承载完全不同的含义。观察下面这段英语表述：

In most COVID patients, the innate immune system performs as it evolved to, disarming and killing SARS-CoV-2. In a small percent of cases, however, the body's counterattack does not proceed as planned. When this carefully timed cascade of signals goes awry, innate immune cells react by making too many cytokines. The overproduction of diverse signaling molecules in COVID resembles "cytokine storms" that turn up in other medical conditions and were thought to be a factor in severe COVID. Research suggests that, in most cases, the inflammation differs from that of a cytokine storm, even though it still poses a threat to patients. It can bring about ARDS, resulting in lasting damage to the lungs or other tissues. It can also lead to the buildup of fibrin, a protein that causes clotting. If this were not enough, it can induce fluid leakage from blood vessels, triggering respiratory failure.

(*Scientific American*, 2021-1-1)

在这段表述中，部分词语在日常生活中很少出现，例如 cytokine（细胞激素），类似的词语还包括 inflammation、fibrin 和 clotting。这些词语明确地标示了语篇类型，但是它们并不是语篇的主体。和我们的直觉相反，很多学术语篇并没有充斥普通人无法识别的专业词汇，很多专业内容的表达还是依赖普通词语来实现。只是，这些普通词语在特定类型语篇中被赋予了不同的含义。例如，上述语篇中的 cascade、overproduction、buildup、leakage 和 vessel 都需要重新界定，已经不再是它们最为常见的含义。在词语意义判定中，语式起到了决定性的作用。因此，在开展语篇研究时，词义归属可以作为语境要素分析的重要依据。这种情况在汉语中表现得同样明显，例如下面的语篇：

> 目前研究发现，SARS-CoV-2 基因组在两个核心位置具有高度变异性：一个是 ORF 1 ab 基因中的沉默变异，另一个为氨基酸 ORF 8 中的多态性。据预测，ORF 8 中的突变会导致其两个变异体（即 ORF 8-L 和 ORF 8-S），导致蛋白质的结构异常。在对 SARS-CoV-2 进行结构分析时发现，其刺突糖蛋白及核衣壳蛋白发生突变。这提示 SARS-CoV-2 具有独特的基因组特征及结构特征，需要进一步研究以明确其在病毒复制及致病机制中的作用。
>
> （杜之、黄鹏 2020：2）

这段表述充分体现了汉语中专业词汇和普通词汇更为密切的联系。例如在变异后面加上"体""性"来体现专业性，或者直接借助"沉默"这样的词语来实现专业化表达。汉语有悠久历史，在面对新的现象时，汉语更倾向于利用既有的表达方式，而不是创造新词。这一点和英语有很大的不同。正因为如此，汉语中以普通词汇进行专业表达的情况也更为普遍。同一个词在不同语式下的词义归属就有了更大的研究价值。

词义归属和语场同样密切相关，语篇主题调整是词义归属变化的重要原因。对比两句话：1）"John had been drinking, so I drove him home."；2）"John was drinking too fast and dribbled it all down the front of his shirt."。两句话中的 drinking 取何种语义，完全取决于实际主题。在第一句中显然指的是酒，而在第二句中 John 喝的可能是任何一种饮料。到底语义指向为何，就必须放到具体的语场中来分析了。再看汉语中的例子，同样是对比两句话：1）“咖啡撒了，拿抹布来。”2）“咖啡撒了，拿笤帚来。”很明显，第一句中的咖啡指的是饮料，第二句中的咖啡指的是固体形式的咖啡豆或者咖啡粉。如果只是这样一句表达：“咖啡撒了，清理一下。”我们必须借助语境获取语篇主题，才能知道如何判断咖啡的具体语义。

当语篇涉及的人际关系发生变化，即语旨不同时，同样能够左右词语意义的选择。例如：

A. It freaks me out.

B. This will make you smart.

如果是父母和孩子之间的对话，对 smart 的词义归属其实等同于 intelligent。如果是同等地位两人之间的调侃，意思就可能是讽刺性的。因此，词语的词义归属受到语篇语旨的影响。同一个词语在不同的对话人之间使用，就会出现不同甚至相左的意思。因此，词义归属是语境三大要素共同作用的结果。

### 3.3.4 词类转换

和前两个要素相比，词类转换更具隐性，很多时候会被研究者忽视。事实上，词类转换通常会改变语篇的整体特征，因而有必要做深入分析。目前讨论最多的词类转换是名词化。例如，在分析信息压缩程度时，人们经常把名词化作为重要的观察点。在讨论语篇内部结构时，名词化表述通常也是重要的衔接手段之一。但是，词类转换绝不仅仅是名词化这么简单。词语使用时常出现跨类现象，而且词语跨类表现出一定的规律性。更重要的是，词语不会无缘无故地跨类。本书关注词类转换的语境指向意义。在具体分析中，以语法隐喻理论为基础，提出了词类转换的完整分析框架。

Halliday（1994）认为，同样的语义可以在句子、短语和词语层面分别得到实现，并称之为跨语法级阶语义范畴。换言之，句子、短语和词语之间可以在表达相同或近似语义的基础上进行相互转换。作为这种转换的副产品，词类之间也会出现丰富的转换关系。Halliday & Matthiessen（1999）对词类转换进行了细致分类。依据他们的观点，词类之间的转换有名物化、性状化、过程化和环境化四种基本趋势，分别代表着不同的语义指向。这一观点的价值在于，词类选择体现了内在语义表达需求。例如，以名词形式表达特定语义，是因为名词更易于被表述和分类，也更适合以主语和宾语的形式出现。名物化语义趋向具有巨大的牵引力，常常成为各种词类转换的终点。与之相应，性状化、过程化和环境化都有特定的语义贡献。以这样的整体思路来看待词类选择，能够改变词类分析碎片化的状态。特定类型语篇整体展现出的词类转换特征，可以得到更加深入的阐释。

本书中词类转换的分析框架以语法隐喻理论为基础。但是，语法隐喻理论对词类转换的划分限定在其体系内部，服务于该现象的讨论，部分类型的词类转换未能涉及。鉴于语篇分析的实际情况，本书对 Halliday & Matthiessen（1999）的框架进行了适度调整和扩充（见表 3.7）。

**表 3.7　语篇中的词类转换**

| 转移 | 成分 | | | | |
|---|---|---|---|---|---|
| | 连接 | 环境 | 过程 | 性状 | 名物 |
| 名物化 | | | | 1 → | → |
| | | | 2 → | → | → |
| | | 3 → | → | → | → |
| | 4 → | → | → | → | → |
| 性状化 | | | 5 → | → | |
| | | 6 → | → | → | |
| | 7 → | → | → | → | |
| | | | | ← | ← 11 |

（待续）

（续表）

| 转移 | 成分 | | | | |
|---|---|---|---|---|---|
| | 连接 | 环境 | 过程 | 性状 | 名物 |
| 过程化 | <br>9 → | 8 →<br>→ | → ←<br>→ ← | ←<br>← 13 | ← 12 |
| 环境化 | <br>10 → | ←<br>→ | ← | ← 14 | |

表 3.7 全面呈现了语篇分析中词类选择的整体特征。但是，表中词类转换的整体思路依旧延续了语法隐喻理论，强调名物化、性状化、过程化和环境化的区分。换言之，本书在开展语篇分析时，重点观察的依旧是上述四大类词语转化的总体分布特征。

词类选择同样受到语境的显著制约。首先，同样语义的表达选择不同词类，可以有效地呈现语式差异。大量研究证明，在专业语篇中，名物化表述占有非常高的比例。无论是法律文书、科技文献，还是政府文件，都以名物化集中而著称。事实上，专业化语篇中频繁出现的不仅仅是名物化表述。以名物化为牵引，词类语篇中性状化的趋势同样显著。大量语义以性状化形式呈现，与名物化形成搭配关系。观察下面这段高度浓缩的表述：

> Cells have evolved quality control mechanisms that operate under normal growth conditions and during stress to maintain protein homeostasis (proteostasis) and prevent the formation of potentially toxic aggregates.
>
> (*Science*, 2019-7-11)

这段话中集中出现了 quality、control、growth、protein 这样的名词性状化表述。它们的作用在于细致刻画被修饰成分的属性和成分，精准定义事物的本质。因此，词类转换现象是以名物化为趋势的语篇整体特征。换言之，环境化、过程化、性状化和名物化形成了单向的连续变化体。某类语篇在连续变化体中有自身的定位，其中的关键就是语式的变化。口语中环境化和过程化的比例会明显提升，书面语则在名物化和性状化上更加强势。事实上，专业化语篇的发展就是名物化和性状化不断强化的过程。因此，词类转换特征上的差异能够有效区分多种语篇的语式。

词类转换和语场、语旨的联系不像语式那么紧密，但也并非毫无关联。在语场制约的特定主题下，某个词类转换类型很可能占据优势。例如在分析未来经济形势的语篇中，表现为性状化的不确定表述会占据很大比例。但是很难想象，在医药类语篇中会出现同样的情况。高确定性和专业化的表达需求使得名物化成为医药类语篇的重要特征。同时，对操作程序的大量描述也使得过程化表述成为这类语篇的特征之一。因此，语场在某种程度上制约着词类转换的类型分布和发生频率。语旨和词类转换的关系更多地体现在语言霸权上。由于大量名物化表述的使用，专业化语篇实际上为普通读者设置了很高的阅读门槛。名物化表述压缩了大量信息，例如数学语篇中的 complementation（求反）就是高度凝练的表述。读者如果不了解此类表述的内涵，就几乎不可能理解语篇的含义。借助大量的专业化表述，掌握了这种表述模式的语篇作者可以形成语言霸权。因此，词类转换可以在特定类型的语篇中体现语旨特征。

### 3.3.5 句式类型

句式类型是语言学研究的重点，但是在语篇分析中并未得到足够重视。本书对句式类型的关注与前人研究有所不同，核心目的在于说明句子类型在语篇中的表现，以及这种表现受到语境的何种制约。换言之，我们将句式类型的讨论从句子层面提升到了语篇层面。为此，本书选择了系统功能语言学的句式分析框架。该框架在建立之初就充分考虑了语篇需求，同时和语境建立了稳定的联系。具体而言，Halliday（1994）将英语中的句式划分为六种类型，即物质、关系、心理、言语、行为和存在。杨延宁

（2020）对汉语句式进行分析后认为，上述六种类型的划分同样适用于汉语。以这些研究为基础，本书将语篇中的句子划分为六大类型，并对比英汉语篇中不同类型的分布状态。

该分析框架对句子类型的划分，反映了人类在客观和主观世界中的真实体验。我们感知客观世界，同时借助语言表达对客观世界的体验。以此为表达目的的句子即为物质类型，有非常稳定的动词集合作为支撑。同时，我们也在体会着主观世界，需要表达自己的心理过程。由此产生的句子即为心理类型，同样涉及较为固定的动词集合。为了说明主客观事物之间的关系，人类语言发展出了专属的句子类型，其典型动词是英语中的 be 和 have。这类句子在系统功能语言学中被定义为关系类型。物质类型、心理类型和关系类型构成了句子的主体，涵盖了语篇中的大部分分析对象。但是我们也应该注意到，在三大句式类型的边缘地带，形成了跨界的从属型句式。在物质类型和心理类型结合的区域产生了行为类型，与物质过程和关系类型相互融合的是存在类型，而言语类型可以看作是关系过程和心理过程合作的结果。六类句式类型的分布关系如图 3.3 所示：

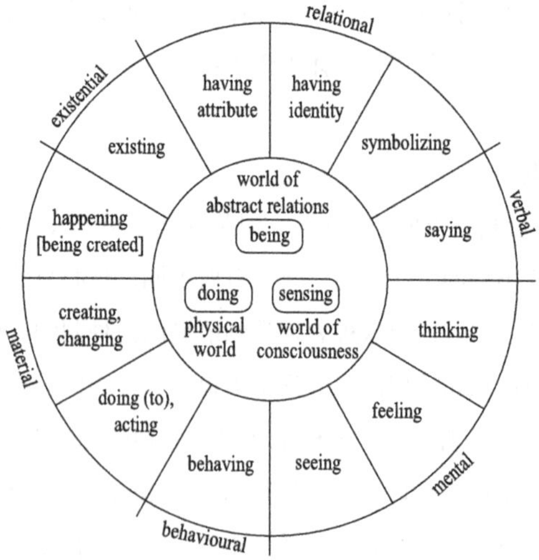


**图 3.3 语篇中的句式类型（Halliday & Matthiessen 2004：172）**

作为语境指向类要素，句式类型在语篇中的分布明显受到语境三大参数的影响，其中最显而易见的是语场。当语篇的主题或内容改变时，句式的选择会随之发生变化。对比下面两段文字：

1）The numbat is an unmistakable slender marsupial with a pointed muzzle and short erect ears.\\（1）The body is reddish brown\\（2）but the rump is much darker\\（3）and has about six white bars across it.\\（4）The eye has a black stripe through it\\（5）and the long bushy tail is yellowish.\\（6）The toes are strongly clawed and very effective in digging out termites.\\（7）The tongue can be extremely long,\\（8）as in all mammalian ant or termite eaters.\\（9）Unlike most marsupials, the numbat is active during the day.\\（10）It shelters in hollow logs.\\（11）It was once relatively common\\（12）but now lives only in a small area of S. W. South Australia.\\（13）

（*ATESOL ACT Journal*，2007-7）

2）After flash floods, desert streams from upland areas carry heavy loads of silt, sand and rock fragments. \\（1）As they reach the flatter area of desert basins\\（2）they slow down\\（3）and their waters may soak quickly into the basin floor. \\（4）Then the streams drop their loads; \\（5）first they drop the heaviest material—the stones, \\（6）then the silt. \\（7）These short lived streams become choked by their own deposits\\（8）and they spread their load in all directions. \\（9）After some time, fan or con-shaped deposits of gravel, sand silt and clay are formed around each valley of canyon outlet. \\（10）These are called alluvial fans. \\（11）

（Theme and Rheme Analysis，2003）

这两段文字分别介绍动物和自然现象，两者最明显的差别就在于句式类型的选择。前者使用了大量的关系类型句式，在全部 13 个句子中有 12 个之多。后者主要使用物质类型的句式，在 11 个句子中有 10 个。造成这种明显差别的原因就在于语篇语场的改变。第一段文字的核心内容是动物的各方面特征，不涉及时空概念，关系类型是最合理的选择。第二段文字描述泥石流的形成过程，必须使用大量的物质类型句式，才能真实呈现泥石流形成的全过程。

无论社会语境还是文化语境，语场改变都会带来句式类型的调整。在社会属性极强的语篇中，语场的强大力量几乎固化了句式选择。例如在法庭判决书中，关系类型的句式搭建了语篇的主干。在文化特征明显的语篇中，语场的影响力同样强大。例如中文菜单几乎是清一色的物质类型句式，而英语菜单中物质类型和关系类型平分秋色。原因在于，中国文化中菜品的烹饪强调做法，而西方菜式则要把做法和用料都说清楚。上述两段文字的语场有很大的不同，呈现的句式选择自然也不同。

语篇中的句式类型分布同样受到语式的影响。从面谈、电话、电邮、书信、报刊、小说、公告到法条，各种语式之下，句式类型经常会表现出一定的倾向性。在口语交流中，我们经常要强调自己的主观想法，因此心理类型句式的出现频率很可能更高。而在正式的书面语中，为明确信息来源，言语类型句式的使用必然受到重视。语旨对句式类型分布的影响最弱，但同样值得重视。为适应交流双方的关系调整，句式选择通常也需要有所改变。当双方关系较为平等时，涉及内心想法和行为特征的句式会较多。当平等关系不复存在时，此类句式一定会减少。例如在访谈类节目中，访谈对象是专家并涉及大量专业知识时，就很难听到心理类型的句式。综上所述，语式和语旨对句式类型的制约作用不如语场明显，但同样值得关注。

### 3.3.6 互文特征

在语篇建构过程中，总会提到甚至引用外部信息，从而和其他语篇建立联系。语篇之间的联系通常称作互文性。互文性研究由来已久，且涉及多个方面，语言学、文学甚至艺术研究都将其纳入分析范畴。从语境指向的角度出发，本书关注特定语篇如何凭借互文特征与其他语篇建构的外部语境建立直接或间接的联系。实现互文性的方式有很多，对外部信息的凸显度各不相同。其中凸显度最高的当然是直接引用，用引号说明信息来自语篇外部，为讨论的内容提供语境支撑。

学术语篇借助前人研究表达观点的做法，实际上就是在建立互文网络，将讨论内容深深地嵌入整个学术语境。例如：

> Spelling can be considered as the ability to represent the unique array of letters that defines a printed word (Vellutino, Scanlon, & Tanzman, 1994). It develops as children learn to read and acquire the skill to automatically recognize words. However, in children with reading difficulties, it has been reported that they have problems in developing the ability to represent orthographic patterns in memory, which impacts reading speed, particularly in transparent orthographies. In dyslexics from Spanish, Finnish, Italian and German, reading accuracy is high, but impairments in reading speed and severe problems in spelling are often observed and persist into adulthood (Bruck, 1993; Landerl & Klicpera, 2009; Nergard-Nilssen & Hulme, 2014).

在这段摘自学术期刊的表述中，两处标明来源的引用为讨论的主题建立了完整的语境，为文章主题的讨论提供了出发点。很明显，文中引用出现得越频繁，文章对语境的依赖程度就越深。为了避免不断出现的引用分散读者注意力，有些高等级学术期刊以数字代码标注文献引用，例如下面这段来自《科学》（*Science*）期刊论文的表述：

> Crystallographic twins are widespread, being found in a wide range

of materials that include minerals (1, 2), metals (3, 4) and ceramics (5). Twinning leads to a variety of structures and morphologies that affect physical and chemical properties. For example, the stress of fivefold twins (5-FTs) substantially increases the Young's modulus of nanowires (6), whereas multitwinned Cu nanowires exhibit excellent methane selectivity during reduction of carbon dioxide (7). Multiply twinned structures have attracted substantial attention for applications in crystal growth (8), mechanical engineering (9), biomedical diagnosis (10), optics (11), and catalysis (12).

(*Science*, 2020-1-3)

在这段很短的文字中，出现了 12 处文献引用，段中每个数字都代表在该领域内的重要研究成果，例如数字 11 代表论文来源为 B. Pietrobon, V. Kitaev, Chem. Mater. 20, 5186–5190 (2008)。在这类学术语篇中，互文性作为语境指向类要素已经被发挥到了极致。考虑到这类语篇的小众读者都身处相应的学术语境中，数字化的引用方式并不会造成信息丢失，反而方便读者提高阅读效率。但是对普通读者来说，这类学术期刊的引用模式构成了极高的阅读壁垒。

现代汉语学术写作承袭了英语学术写作的思路，在文献引用上与英语类似。但是也应该看到，汉语语篇的互文性在整体上是弱于英语语篇的。一方面，在汉语语篇中，严格要求提供信息出处的情况相对较少，目前主要集中在学术界和某些特定领域。在大量的日常语篇中，使用互文性提示信息来源的情况并不多见。类似“古人云”或“老话说”这样的表述，依旧被广泛使用。甚至在很多高水平的写作中，以“古人云”来提出观点也是非常普遍的。另一方面，汉语学术语篇尚未发展出极致的信息引用方法，类似于上述数学语篇的情况并不常见。

间接引用同样提供语境信息，但是其凸显度远低于直接引用，语篇和语境之间的关系也相对松散。间接引用不需要使用引号，因此表达上的弹性非常大。可以利用人名和媒体名称给出信息的来源，例如“毛主席说”“马克思说”“中央台报道”。也可以完全不提及出处，例如“唇亡齿寒，我们不能坐视不管”中的“唇亡齿寒”出自《左传》，其背后含义需要由历史故事提供。但是在实际交流中，已经不需要提供出处，也不需要解释意思。身处汉语文化语境中的交流者，对这类互文性习以为常，其代表的语境已经成为交流双方的默认信息。英语语篇中大量和宗教故事有关的表述都属于这种类型，例如谈到双方发生争斗，只要说“It is David against Goliath.”，其中含义不言自明。

互文性涉及的语境信息也体现在语体层面，常见情况是在一种语体中嵌入另一种语体。很多新闻标题为了抓人眼球，就会进行这样的处理，例如《芯片产业发展的世界格局 全靠特朗普的胡闹》。这类标题通过前后语体的不一致来制造冲击感，在传统媒体中早已被使用，而在数字媒体时代更是随处可见。语体改变意味着语境的调整，本来严肃的话题可以用轻松的话语来讨论。这种互文性发展到极致，就会出现所谓的混杂语体。例如，以学术论文的形式来讲笑话，以官方媒体的语气来报道校园生活。一旦达到这种状态，语境的凸显度就会变得非常低。这类互文性已经失去了在特定语篇中嵌入语境的作用，发展为两种语篇类型和语境的整合体。在本书中，最关注的互文特征主要体现在直接引用和间接引用上。

在语篇建构的过程中，互文特征的语境带入作用是非常强大的。它帮助作者显著节省了表述时间和空间，使语篇有了调用庞大背景信息的手段。但是，互文性也为身处语境之外的读者带来了莫大的阅读障碍。学术语篇的阅读难度高，很大程度上是由互文性引发的语境陌生感造成的。英汉官方媒体中经常引用的政治术语和习惯性表达，同样严重依赖读者对语境的把握，在某种程度上也加大了阅读难度。从这个角度讲，互文性和语旨的关系非常密切。特定类型的语篇如果充斥着互文表述，实际上是在拉大和读者的距离，疏远作者与读者的关系。相应地，在对话中不断提及对方未知的信息，会极大地降低沟通效率。在文学作品中，满口“之乎者也”的人物向来不受欢迎，其原因正在于互文表述的过度使用。

除了语旨，语场和语式的变化也能反映语篇的互文特征。涉及专业主题的语篇大多拥有明显的互文特征，在日常语篇中该特征明显弱化。在现代语篇主题高度分化的背景下，语场的调整能够有效触发语篇的互文特征。语式变化对互文特征的影响基于同样的道理。可以设想，同样的主题以不同语式进行呈现。正式程度越高的语篇，其互文特征必然越突出。口头交流中的互文特征已经下降到可以忽略的程度。

### 3.3.7 评价手段

第二章对评价理论有过较为详细的介绍，也说明了评价系统在应用中的两大问题，即主观判断倾向过重和分析线索重叠。在实际分析中，需要对这两类问题有所警惕，并采取一定的措施。本节基于已有内容，重点分析语篇中的评价手段和语境之间的联系。评价理论是系统功能语言学在过去 20 年间重要的理论升级，其主要观点和操作方法来源于 Martin & White（2005）的奠基性著作。在各语言学流派中，对态度的探索并不少见，但是评价理论是其中最全面和影响力最大的。在系统功能语言学理论中，人际功能的分析一直以语气和情态为重点。但是这两个角度的分析常被局限在小句层面，很难体现交流过程中参与者的主观交流意愿。无论是说话人还是撰稿人，在建构语篇的过程中都会带入自己的态度，并借此影响听话人和读者的看法。更重要的是，这些主观态度深刻反映了语境的强大影响。换言之，交流参与者的态度和其身处的语境有密切的联系。Martin & White（2005）建立的评价理论为我们提供了分析参与者态度的方法，也为揭示态度背后的语境信息提供了可能。

从 20 世纪 90 年代开始，Martin 开始逐步提出和完善评价理论，并在澳大利亚的中学教学实践中加以应用。在 10 多年的时间内，Martin 和他的学生持续改善评价理论。直至 Martin & White（2005）对评价理论进行了全面阐述，正式确立了该理论的学术地位。可以说，评价理论本身就诞生在对实际语境的分析和思考中，从创立之初就以说明语境对语篇的影响为追求。随着该理论的逐步成熟，对语境的关注不断扩大。新闻报道、医疗现场、法庭辩论等语境都被纳入评价理论的分析范围。随着应用领域日益广泛，评价理论已经成为语篇研究中不可或缺的分析手段。这一理论能够在语篇研究领域影响广泛，关键原因在于它充分重视语境对语篇特征的决定性作用。Martin 以评价理论为手段，为语篇和语境搭建了相互衔接的桥梁。正因为如此，本书借助评价手段的分析来解释英汉同类型语篇在语境指向方面的诸多差异。

和其他语境指向类要素一样，评价手段也受到语场、语式和语旨的影响，其中语旨的影响最为突出。Martin & White（2005）认为评价系统是典型的语义资源，帮助说话人表达自己对事件的态度，其中涉及情感、判断和鉴赏三个角度。为了更好地表明自己的态度，说话人也会不断寻找介入手段，同时反复调整表达的级差。基于这些考虑，Martin & White（2005）建立了庞大的评价描述框架，从态度、介入和级差三个角度展开，全面呈现说话人对事件进行评价的具体手段。这个庞大体系的贡献集中在人际功能维度，最能体现交流双方在互动关系上的细微调整。当双方社会地位较为平等时，评价手段的使用程度较高，双方表达自己情感和判断的通道更为开放。而当社会地位有差异时，评价手段的运用很可能就集中在交流的一方。同理，双方的亲疏关系也会影响评价手段的运用。因此，评价手段对语旨的附着度非常高，语篇语旨的任何变化都有可能带来评价手段使用程度和方式上的调整。

语场和语式对评价手段的运用也有影响，但是并不显著。对于拥有特定主题的语篇而言，评价手段很可能成为显著特征。例如，体育评论、律师辩词和时事评论都需要大量使用评价手段，这是语篇主题赋予的独特属性。但对于普通语篇而言，评价手段的运用并不是必需的，甚至可以完全避免。因此，语场对评价手段的影响局限在有限的语篇类型内。语式和评价手段的联系最不显著。无论语篇以何种形式传播，其评价手段都可能由于交流双方关系的变化而调整。例如，在关系较为亲密的微信群中，评价手段的使用就会比较多。而在工作微信群中，就较难见到评价性表述。但也应该注意，在特定语式中，评价手段的使用会受到极大的限制。例如在正式程度最高的语篇，如药品说明书中，评价手段的运用几乎为零。简言之，评价手段作为语境指示手段，对语旨变化的辨识度最高，语场次之，语式最低。

## 3.4 语篇对比研究框架

### 3.4.1 整体思路

首先需要明确，词语和句法层面的对比研究思路在语篇层面并不适用。我们在开展跨语言的词语和句法对比研究时，总是习惯于从两个方向上寻找对等关系，即形式和意义。形式上，两种语言在词语和句子层面很容易形成对等。如果形式上严格对等，词对词，句对句，对比研究的重点就在于词句语义上的差异。例如，silence 和“沉默”在形式上对等，在语义上并不完全对等。即便形式上不是严格对等的状态，我们还是能够建立跨语言的语义对等关系。例如，英语中一个句子表达的语义，在汉语中可能需要两个独立的句子来表达。此时更重要的是，两种语言如何以不同形式表达相同语义。

但是在语篇层面，想要建立严格的对等关系则几乎不可能。从形式上看，不同语言在建构语篇时有不同的手段。例如，英语中有丰富的连词和副词可供选择，汉语中这类手段就要少得多。从意义上看，英语中习以为常的语篇并不一定能在汉语中找到，反之亦然。例如，英语博彩类语篇在汉语中不见踪影，汉语节庆类语篇在英语中同样难以寻觅。究其原因，越是涉及文化和社会特色的语篇，越难找到跨语言的对应物。因此，开展语篇研究时，从一开始就要放弃幻想，不要试图寻找语篇层级的跨语言对应物。如果仍然坚持建立语篇对等，很可能把翻译类或仿写类语篇作为研究对象，反而抹杀了语篇层面的语言差异。例如，汉语学术语篇在结构和功能上都受到了英语学术语篇的影响。至于借助原文和译文开展语篇对比研究的做法更是不可取。

基于上述考虑，语篇对比研究应坚持两个基本思路：1）不追求研究对象的严格跨语言对等；2）以整体视野开展对比研究。第一个思路意味着在选择研究对象时，对比的语篇并不需要在内容和形式完全保持一致。重要的是，对比研究的对象在语篇类型上趋同，有同样的语境作为支撑。换言之，对比的语篇应该拥有同样的表意需求，以及同样的语场、语式和语旨特征。例如药品说明书，英汉语篇的语场都是医药主题，语式都是书面语，语旨都是专家写给普通读者。第二个思路强调语篇对比的重点不在微观的词语和句式特征，需要更多考虑语篇的整体特点和语境要素。即便涉及词语和句式的分析，也是服务于语篇研究的整体需求。

为了建立新的分析框架，还要明确语篇对比研究的核心关注点应该放在哪里。简而言之，我们到底要对比什么。答案是语篇对比研究有两个核心关注点：1）语篇的结构特征；2）语篇和语境的互动关系。

我们首先来看结构特征。在既有的语篇研究中，大量注意力集中在结构分析上。最为常见的做法是将语篇切分为几个部分，每个部分在功能和结构上相对独立。对于规范性较强的语篇，这种结构切分近乎公式化，学术论文就是其中的典范。这种分析思路的优点在于，能够有效呈现语篇的结构特征，为语篇写作提供精确指导。经过几十年的积累，该分析思路已经固化，成果高度成熟。但是，该思路并没有阐明语篇结构形成的内在动力，也很少探究语篇的稳定结构靠哪些要素来支撑。换言之，我们对语篇结构的外在表现已经了然于胸，但并不完全知晓特定的语篇结构如何形成以及为何形成。

本书希望在更深层次探讨语篇的结构特征。本章第二节讨论语篇建构类要素，就是通过梳理这些要素来进一步说明语篇的结构特征。分析这些要素，可以帮助我们发现语篇结构是如何建立起来的，同时也能探究语篇结构得以建立的根本原因。对特定语篇类型而言，既有的表意需求为语篇建构类要素设置了先决条件，使这些要素的使用呈现出一定的规律性。这些规律才是语篇结构得以形成的背后原因。同时，语篇的结构搭建需要各类要素共同发挥作用。因此，各类要素如何相互协调，也是语篇结构分析需要重视的问题。具体到英汉语篇对比研究，语言类型学差异导致两种语言中的要素使用方式不完全一致，这也是本书关注的问题。综合这些思考，跨语言语篇对比研究的首要任务是揭示语篇如何建立，进而说明语篇结构特征形成的深层原因。为此，需要从语篇表意需求和语言类型学特征两个方向展开综合分析。

本书认为，语篇和语境的互动关系应该成为语篇研究的另一个关注点。在传统语篇研究中，语境的贡献并未受到充分重视。关于语境的讨论通常在语篇研究的收尾阶段出现，成为解读语篇特征的助力。在第二章回顾的语篇研究路径中，批评话语分析路径对语境最为关注。这种关注甚至超出了对语篇本身的兴趣。但是，批评话语分析的研究重点不在语篇本身，也不重视语境对语篇的影响。系统功能路径持续关注语境研究，也提供了描述语境的具体方法。但是，该路径下语篇和语境的关系没有得到充分探讨，语篇研究和语境研究各行其是。

本书认为，语篇和语境的互动关系至关重要，对解读语篇特征有关键作用。任何语篇都产生于特定语境，其关键特征受到语境三大维度的制约。通过对预设语境的分析，我们可以预测特定语篇的关键特征。例如，在课堂教学语境中，语场限定为教学内容，语式标定为口语，语旨呈现师生的不对等地位。在这样的语境条件下，课堂语篇中的词语选择、词义归属、词类转换、句式分布、互文特征和评价手段都可以预测。我们甚至能够描述课堂语篇的标准形式，并据此揭示某个甚至某类语篇对语境的依赖程度。

但这只是问题的一个方面，语篇和语境的互动关系是双向的。语篇经常背离语境，表现出独特性甚至创新性。例如，在中规中矩的庭审语境下，还是能够观察到不符合规范做法的表达，甚至是“出格”的陈述。所有背离预设语境的语篇都代表着作者特定的表达意图，背离度越高，越是如此。在语篇研究中，规范的语篇固然值得关注，但背离预设语境的语篇更应引起重视。深入分析这些语篇，能够很好地揭示语篇特征出现的内在原因。一旦相当数量的语篇背离既定语境，我们需要判断这些语篇是否改变了原有的语境。换言之，语篇的变化甚至能够反向作用于语境。例如，各种自媒体的出现使很多新闻语篇背离了传统的新闻语境。当这些语篇达到较大的规模，就已经在某种程度上改变了新闻语篇的语境。在语式维度，自媒体中新闻语篇变得更加口语化。在语旨维度，此类新闻语篇更重视读者和作者的平等交流。可以说，新闻语篇的语境已经发生了根本性改变，而新闻语篇本身的调整在其中起到了关键作用。

正是认识到语篇和语境之间的复杂互动关系，本书将其作为对比研究的重要内容。在实际分析中，对该关系的讨论落实在上一节梳理的六个语境指向类要素。这些要素能够明确指示特定类型语篇和语境的依赖关系，同时也能揭示语篇是否和语境产生了背离。具体到英汉语篇对比，两种语言的同类型语篇可能表现出对语境不同的依赖度和背离度。例如，同样是科技博客，英语语篇和预设语境的关系更为密切，对语境的依赖度更高。汉语语篇对语境表现出更高的背离度，反而和传统学术写作的关系更为密切（详见第四章）。

本书在选择英汉语篇作为分析对象时，特别注意双方语境的一致性。前文谈到，语篇对比研究不能照搬词汇和句法对比研究的思路。跨语言的同类型语篇之间不存在完全的对等。但是，同类型语篇的语境限制条件应该是趋同的。否则，语篇对比研究就没有存在的基础。在同样的语境之下，不同语言中能够产生同类型的语篇，服务于同样的表意需求。但在微观层面，跨语言语篇类型会展现出不同的语境依赖度。本书特别重视这一现象，将其作为语境和语篇关系分析的重点。这一现象由各语境指向类要素承载，同时依赖各要素之间的协同。因而，本书第四至六章的分析依照各类要素推进，同时观察各要素之间如何相互支撑。

### 3.4.2 框架描述

为避免语篇研究抽象化，本章提出并阐释了语篇研究的两类要素，即语篇建构类要素和语境指向类要素。为了使实际分析有坚实的落脚点，本章还说明了两类要素的内涵和子类别。这些内容有普遍适用性，可以应用于所有类型的语篇研究，并不仅限于英汉语篇对比。从这个意义上讲，本章尝试为语篇研究提出新的理论框架，探索建立多要素并重的语篇研究路径。新的研究思路和以往语篇研究的最大不同在于，要素选择不受既有研究路径的限制，而是以语篇研究的内在需求为导向。以往的语篇研究通常被框定在话语分析、功能分析、批评分析等成熟路径内。创立各研究路径的学者们奠定了基本的操作模式，其中的分析要素相对固定，服务于最初的研究目的。在各研究路径内，后辈学者较少进行调整和修正，相关操作模式日益固化，以致我们看到某个研究路径，基本上可以猜到研究者接下来会分析哪些要素。

本书提出两类要素，希望突破传统研究路径的限制，回到语篇本体。从语篇的内外部特征出发，提出能够反映语篇核心属性的分析要素。语篇建构类要素和语境指向类要素都是最大化的选择，涵盖了语篇研究中可能遇到的各类问题。在实际研究中，特定类型的语篇很可能只涉及部分要素。因此，本书的全要素模式是动态调整的，视研究的目的和对象做出相应选择，形成不同的分析重点。例如，在英汉对比的视角下，专业语篇中的句式类型可能就比较近似，因而不宜作为对比研究的重点。因此，本书提出全要素分析框架，建立了一个选择体系。因需求和目的不同，各类研究选择该集合中的子集，涉及若干种要素。在实际研究中，我们会根据语篇类型的差异选择若干要素作为分析对象。综合这些考虑，本书提出以下语篇研究框架（见图 3.4）：

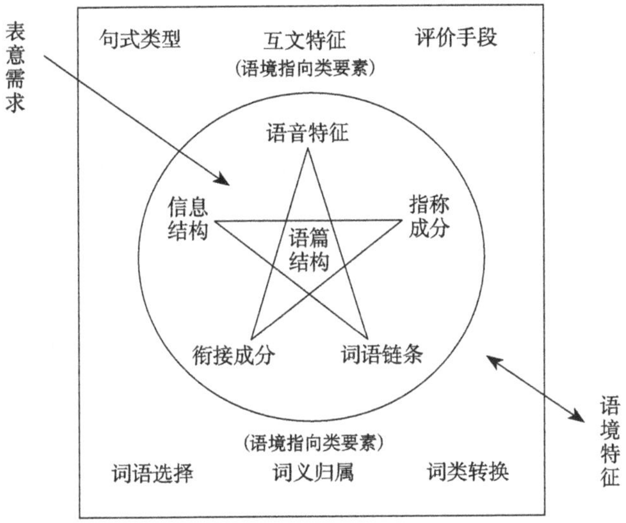


**图 3.4　全要素语篇研究框架**

如图 3.4 所示，语篇的结构特征居于研究框架中心，有五类要素共同支撑，包括语音特征、信息结构、指称成分、衔接成分和词语链条。五类要素相互协调，共同建构语篇的整体结构。在语篇研究中，需要关注的重点并不是语篇的外在形式，而是语篇结构得以形成的内在力量。因此，开展五大要素分析，目的在于呈现语篇建构的完整过程，揭示特定语篇结构得以形成的基本规律。在微观层面，这些规律以语篇建构类要素分布特征的形式呈现。在特定语篇类型中，各类要素及其子类型的分布有迹可循，甚至可以进行预测。因此，该研究框架的目的不仅在于描述和解释语篇的结构特征，更是为了在某种程度上预测语篇在结构上的变化趋势。在解释和预测工作中，最重要的考虑是语篇的表意需求。任何语篇都服务于相对固定的表意需求，语篇形式只是其意义的外在表现。因此，在分析语篇建构类要素的使用和分布特征时，表意需求被视作最终的决定力量。例如，在科普语篇中，无论各语篇建构类要素如何调整，其根本作用都是服务于广泛传播科学知识这一根本需求。反向观之，一旦确定了这一表意需求，我们完全可以预测各类要素应该有何种表现。

语境指向类要素居于研究框架的外围，共有六类。其中的词语选择、词义归属和词类转换集中在词语层面，句式类型、互文特征和评价手段只出现在小句层级之上。六类要素散布在语篇各处，其分布特征受到语境的强大限制。因此，在实际分析中，各类要素的表现均须联系具体语境加以解读。在传统语篇研究中，词语和句式特征也会受到关注，但是都比较凌乱，只是服务于某个研究路径之下的特定研究需求。在本书提出的研究框架中，这些词语和句子要素的分布并不是无序的，它们都受制于语篇的外部语境，在更微观的层面都可以在语场、语式和语旨维度得到解读。在现实语篇中，各类要素呈现出独特的分布特征，指向底层的语境限制。因此，对上述要素的分析完全可以揭示语篇和语境的互动关系。一方面，语篇的各类特征受到语境制约，形成相对稳定的表现。另一方面，语篇的演化过程也会推动语境的调整。例如，媒体语篇的演化过程已经深刻改变了整个媒体语境。语境指向类要素同样兼具描述、解释和预测的作用。说明六类要素的使用和分布特征既可以很好地描述语篇，也可以对语篇表现做出解读。同时，在语境明确的情况下，也可以借助六类要素的线索，预测语篇的诸多特征。

语篇建构类要素和语境指向类要素各司其职，共同服务于语篇表意需求。换言之，语篇表意需求高于语境限制，甚至可以压制语境限制。这也解释了为何语篇经常有超出语境限制的表现。在很多情况下，某个或某些语篇的表现明显背离了预设语境，甚至颠覆了自身语境。例如，即便在正式场合也会有各种出格的演讲，完全不符合当时的语境。说到底，这些超预期语篇还是服务于既定的表意需求，为了凸显表意需求，即便破坏语境也在所不惜。在本书中，这些突破预设语境的语篇表现会成为研究的重点，具体的分析依旧落实到六类语境指向要素。我们可以观察哪类要素有不符合预期的表现，进而判定语篇在哪些方面和多大程度上背离了语境。第四、五章会对此展开深入分析，这里不做详述。比较而言，语篇建构类要素较为稳定，不可能出现违反表意需求的情况，也不会有超出预期的分布特征。因此，在图 3.4 中，表意需求和语篇建构类要素是单向关系，而语境特征和语境指向类要素之间是双向互动关系。

语篇对比只是语篇研究的特定方向，既有语篇研究的普遍问题，也有自身的特殊性。第四至六章的内容是对图 3.4 所示框架的具体运用。考虑到本章内容创新点较多，而且涉及多达 11 类要素，因此有必要汇总各类要素的分析重点，提升新理论框架的使用效率。简而言之，两类要素的类别和分析重点如表 3.8 所示：

**表 3.8　各类要素的分析重点**

| 语篇建构类要素 | 语境指向类要素 |
| --- | --- |
| 语音特征：音节韵律和音步韵律的区分 | 词语选择：语场、语式、语旨 |
| 信息结构：主位结构和新旧信息的搭配、语篇的整体结构 | 词义归属：语场、语式、语旨 |
| 衔接成分：阐述、拓展和加强三类语义的分布 | 词类转换：语式（语场、语旨） |
| 指称成分：传统的指示词、人称代词和比较关系词 | 句式类型：语场（语式、语旨） |
| 词语链条：同义、反义、上下义及搭配关系 | 互文特征：语旨（语式、语场） |
| | 评价手段：语旨（语式、语场） |

## 3.5　小结

本章最重要的目的在于建立语篇研究的全新框架。为实现这一目的，需要解决很多实际困难。首先是确定框架中的要素，明确全新分析思路的核心内容。第二章为这个问题的解决提供了坚实基础。通过比较多种语篇研究路径，我们发现，传统语篇研究均有所侧重，未能涵盖语篇的全部特征。究其原因，各路径在不同程度上都受到历史传统和研究目标的限制。为更全面地描述语篇特征，本章提出了 11 类核心要素，并将其归纳为两大类。其中的五类要素划入语篇建构类，另外六类属于语境指向类。如此划分，是考虑到各类要素的功能指向并不相同，不能混为一谈。语篇结构特征历来是研究的重点，语篇建构类要素比较容易确定。但是，既有研究对语境的关注不足，一直无法明确哪些语篇要素和语境紧密关联。本章经过细致讨论，确定了六类语境指向类要素。这些要素的使用特征和分布状态受到语境的制约，具体涉及语场、语式和语旨三个维度。确定语篇研究的 11 类要素，为后续工作指明了方向，也为语篇比较研究奠定了坚实的基础。

为建立新的研究框架，本章明确了各类要素的分析重点。为此，本章花费大量篇幅，梳理了 11 类要素的子类型和观察角度，明确了实际语篇研究的操作方法。这项工作将新的语篇研究框架推向了实用阶段，保证了新的理论能够落地，成为语篇对比研究的可靠工具。相比而言，语篇建构类要素的可靠性更高，已经经过了实践检验。语境指向类要素更具创新性，也需要更多的实际语篇分析来支撑。后续几章在实际语篇对比研究中应用两类要素，不断检验和丰富这一全新研究框架的内涵。

除了明确 11 类语篇研究要素，本章还提出了语篇建构类和语境指向类要素的外部条件。前者的使用受到表意需求的制约，语篇的形式和意义高度统一。后者受到语境的限制，在正常情况下不应该突破语场、语式和语旨的边界；但是在很多情况下，此类要素的表现超出预期，突破预设语境的限制，达到一定规模后，新的语篇甚至可以建构起新的语境。这也提醒我们，在实际的语篇分析中，语境指向类要素的分析难度是大于语篇建构类要素的。在接下来的各章中，我们会看到新的研究框架如何得到应用。

# 第四章 科技博客语篇对比研究

## 4.1 科技博客语篇

### 4.1.1 科技博客

科技博客是随着互联网普及而逐渐兴起的一种语篇类型。在互联网普及之前，学术成果的传播通常局限于学术机构，主要通过期刊论文和学术专著进行。期刊论文和学术专著历来以内容艰深著称，读者数量有限且须具备必要的专业知识。特别是在科技领域，相关语篇设置了较高的阅读门槛，对普通读者不够友好。为了让大众更好地了解最新的科技进展，科研人员一直积极参与科普写作，由此也诞生了众多以科普为目的的杂志和书籍，《科学美国人》（*Scientific American*）就是其中的典范。但是这类科技读物发行量有限，受众面依旧偏小。互联网的普及从根本上提高了科研成果的传播效率，科技博客正是在这样的时代背景下应运而生。

在全球范围内，越来越多的科研人员开始投身于科技博客创作，介绍他们熟知的研究成果，希望引导更多普通人走近科学家的世界。为了让读者更好地理解博客内容，博客作者通常会刻意调整表达方式，降低理解门槛，拉近与读者的距离。可以说，科技博客为众多研究者提供了走出象牙塔的机会，同时也迫使他们改变写作风格，以满足普通人的阅读需求。在这种表意需求的驱使下，科技博客表现出许多不同于期刊论文和学术专著的语篇特征，非常值得研究。此外，科技博客使作者获得了更大的写作自由，不必严格遵循学术论文的模式来建构语篇。在摆脱了传统学术写作的束缚后，科技博客的语篇结构变得更加灵活，个人色彩也更加浓厚。

从语篇研究的角度来看，科技博客可供研究的内容更加丰富。我们知道，学术论文的程序化特征极其显著，各个语篇的结构没有本质区别。研究者所能关注的往往集中在学术论文的词语选择和句式特征方面，已经很难有更新的研究发现。科技博客表现出的活力为语篇研究提供了更多的思考方向。就跨语言语篇对比研究而言，科技博客的研究价值远远大于传统的学术论文。在科技领域，汉语学术论文的组织架构和表达模式几乎照搬了英语，开展英汉学术论文对比研究的价值就非常有限。科技博客的英汉语作者没有受到传统学术论文太多的束缚，各方面都表现得更加灵活。甚至可以说，科技博客正在创造新的写作模式，非常值得开展针对性的语篇研究。

### 4.1.2 科技博客语篇的特点

科技博客在语篇层面表现出一些共通的特点。首先，和传统学术论文相比，此类语篇在内容上做出了两个方向的调整：1）降低难度；2）增加评价。为了让更多的读者了解观点和掌握知识，科技博客必须降低难度。常见的方法是减少专业术语，或者对专业术语进行解读。放弃冗长的句式和复杂的语义衔接也成为很多作者的选择。至于避免数据、图表和公式的出现，更是科技博客的标配。另一方面，博客作者经常在语篇后半段对最新成果和观点进行评价，用更通俗的表达来解读复杂的内容。这种做法类似于科技展览中的讲解员，为读者补充额外的信息来源。

其次，为了和内容相匹配，此类语篇的形式也有了很大的调整。学术论文和专著中标准的语篇结构被放弃，“成果 + 评价”的两段式结构成为常见选择。严格的文献引用在某种程度上也被放弃，作者更愿意以超链接的方式，在网页上提供点击式拓展阅读。受网页形式限制，大量博客语篇不再沿袭传统学术论文的排版。语篇形式更加灵活，经常会配合网页的滚动需求和广告展示，进行段落的调整。此类语篇的阅读体验已经完全不同于传统学术论文，习惯于后者的读者往往会不太适应。但对于普通的网络读者，科技博客的形式反而更加贴近他们的阅读习惯。

最后，在科技博客语篇中，作者和读者的关系更加平等。作者刻意扩大读者群体的范围，希望自己的同行、对科学研究感兴趣的大众甚至掌握资源的外行都能关注自己的最新研究。同时，科技博客的作者群体不完全等同于学术论文和专著的作者群体。例如，很多博士生热衷于科技博客写作，但他们可能还没有发表过学术论文。上述两个变化相互叠加，导致科技博客语篇在人际维度上有了很多调整。例如，作者会使用更多的情态词来降低表达的确定性，或者进行更多的语气调整，以疑问句式引导读者的阅读兴趣。同时，为了满足不同读者的阅读需求，作者必须面对更大的挑战。习以为常的学术写作思路不再适用，作者必须考虑如何让不同类型的读者接受同一篇文章。

以语境三大维度，即语场、语旨和语式来观察，科技博客语篇和传统学术语篇区别明显。就语场而言，此类语篇的主题并没有发生根本改变，依旧是分享学术观点和最新知识。但是，语篇写作的目的已经变成如何更广泛地传播观点和知识，不再只为同领域少数读者服务。由此，语旨和语式都随之发生改变。语旨涉及的人际关系变得更加扁平，作者更重视读者感受，也刻意拉近和读者的情感距离。语式变化主要源于网络传播模式的介入，语篇变得短小、简洁，易于阅读和分享。

## 4.2 语料的选择和梳理

科技博客来源丰富，在英语世界中尤其如此，主要集中在 The LSE Impact blog、ScienceBlogs 和 Hypotheses 等网站。其中的 Hypotheses

汇集的主要是社会科学博客，The LSE Impact blog 文理兼顾，ScienceBlogs 则以科技博客为主体。国内的科技博客来源较为单一，主要集中在科学网。近几年该网站非常活跃，出现了大批具有影响力的博主。本章选择英汉科技博客语篇时，首先考虑网站的影响力和读者覆盖面。因此，英语语篇选自 ScienceBlogs，汉语语篇全部来自科学网。[1] 为方便统计分析，英汉语篇的数量各自确定为 50 篇。英语语篇的长度一般在 1,000 词以内，汉语语篇通常在 1,500 字上下。从语料规模上看，英语语料的体量在 50,000 词左右，汉语语料则达到了 75,000 字。第三章谈到，语料规模并不是语篇研究最关键的因素，小句数量反而是更为重要的指标。在本章选用的英汉语篇中，小句数量基本稳定在 60 到 70 之间，为量化对比分析创造了可能。

本章选用的科技博客语篇没有区分学科背景。一方面，科技博客的学科背景已经被极度弱化。为了和更广泛的读者群体交流，作者一般会避免使用本领域的专业术语。另一方面，许多科技博客涉及多个领域，甚至刻意讨论跨学科主题。鉴于科技博客的学科属性并不明显，本章在选择语篇时并未将学科均衡作为标准。但是，从总体分布情况来看，所选的共 100 个英语和汉语语篇涵盖了物理、化学、生物和信息四个主要方向，对科技领域具有较好的代表性。

## 4.3 语篇建构类要素分析

对不同类型的语篇，建构类要素发挥的作用并不相同。第三章梳理了五个语篇建构类要素，包括语音特征、信息结构、指称成分、衔接成分和词语链条。在科技博客这类书面语特征突出的语篇中，语音特征表现得并不明显。因此，本节的讨论聚焦在后四个要素的使用特征上。

1 出于某些考虑，本章分析的中英文语篇不标注更具体的出处。

### 4.3.1 信息结构

在英语科技博客中，主位结构和新旧信息安排具有鲜明特色，明显有别于标准的学术写作。人称代词和动词成为常见的主位选择，例如这段文字：

> Imagine a crystal clear lake, the waster as still as glass. You can see fish, birds, and beautiful, vibrant colours. You just know that life in and around this lake thrives. Unfortunately, every day, this image gets further and further away from reality. We humans have created an excess of carbon dioxide and methane in the atmosphere that will continue to terrorize our planet.

在这段文字中，以 you 为代表的人称代词成为习惯性的主位选择，有效增加了文章的代入感。这种主位选择在英语科技博客中极为普遍。动词担任主位，引导祈使句，同样是为了强化读者对相关知识的亲身感受。在英语科技博客中，人称代词和动词主位相互配合，频繁出现在语篇的起始部分，几乎成为此类语篇的标配。除人称代词和动词这样的非标记性主位，标记性主位也是科技博客的常见选择，例如这段文字里的 unfortunately 和 every day 就是典型的代表。这类主位有多种类型，主体是由副词和介词短语表达的情态、时空和因果语义。以传统学术语篇的视角来看，使用带有时空和因果语义的标记性主位，符合标准学术论文的写作要求，体现了科技类语篇重视逻辑关系的特点。但科技博客也使用大量情态主位，特别是带有评价语义的主位，使其有别于学术论文。综合上述观察，可见英语科技博客的主位选择在传统科技写作基础上做出了适度调整，突出了人际方面的考虑。特别是人称、动词和情态主位，已成为英语科技博客的标志性选择。

汉语科技博客同样以传统学术写作为基础，但在主位的选择上与英语同类语篇有明显不同。就人称和动词主位而言，汉语科技博客中能观察到的数量相当有限。换言之，此类语篇的作者较少考虑如何增强读者的代入感，没有刻意拉近和读者的距离。情态主位的情况和英语同类语篇有相似之处，但是在使用程度上没有达到同等水平。以下段落画线部分是汉语语篇中情态主位的例证：

可以说，与传统的基于蛋白质的抑制剂药物相比，诱饵纳米粒子在抑制自然发生的病毒突变体的效率高达 50 倍。事实上，当针对抵抗此类治疗的病毒突变体进行测试时，诱饵纳米粒子的效率提高了 1,500 倍。

从整体上看，汉语语篇主位更多地服务于表意功能，注重关键内容的表达。人际维度的贡献相对有限，较少着力于作者和读者的关系建构。为了更好地探究上述特点，本书对英汉语篇中人称、动词及情态主位的使用数量进行了统计，结果如表 4.1 所示：

**表 4.1 科技博客中三类主位的数量**

| | 语言 | 个案数 | 平均值 | 标准差 |
|---|---|---|---|---|
| 人称主位 | 英语 | 50 | 23.101 | 1.304 |
| | 汉语 | 50 | 9.811 | 0.661 |
| 动词主位 | 英语 | 50 | 12.314 | 1.446 |
| | 汉语 | 50 | 6.473 | 1.044 |
| 情态主位 | 英语 | 50 | 13.523 | 2.001 |
| | 汉语 | 50 | 4.712 | 1.345 |

表 4.1 中的数据表明，汉语科技博客中三类主位的使用频率都远低于英语语篇。鉴于每个汉语语篇的主位总量介于 60—70 之间，三类主位的总占比在 30%—35% 之间波动。而在英语语篇中，三类主位的占比通常都高于 50%。数量上的差异充分说明了英汉语篇在主位选择上的不同倾向性，也从侧面反映了两种语言中科技博客的信息结构差异。

这种信息结构差异也表现在新旧信息的安排上。第三章中表 3.2 列出了新旧信息和主位搭配关系，同时指出四种组合对信息的强调程度按数字顺序依次降低。

无论英语还是汉语，学术语篇习惯于将新信息和主位结合，以凸显新信息的重要性。相应地，旧信息被放置到述位，整个小句呈现出 1+4 的信息结构。这种新信息前置的做法不限于小句层面。在正规的学术写作中，整个段落甚至整个语篇都遵循新信息前置的做法，形成此类语篇标志性的重点信息前置结构。

但在英语科技博客中，新信息会频繁地退居述位，非常类似于课堂语篇的选择。例如下面这段表述：

> You are all smile as you gaze at the giraffes, zebras and alive charged straight towards your open hatch land cruiser. They're filled with panic until the driver steps on the gas and the line ceases the chase. The famously labeled fight or flight response is controlled by the sympathetic nervous system. No one to be active during high stress scenarios but that's not the only time it's working for you.

这段文字的核心新信息是 sympathetic nervous system 和 high stress scenarios。但两者都被放在述位，没有占据小句中最显著的位置。真正放置在主位的是三个人称代词 you、they、no one，以及常见概念 fight or flight response。为了突出该概念被熟知的程度，甚至专门加入了 famously labeled 来修饰。借助这样的主位选择策略，整段文字更像是课堂上老师对刚刚入门的学生娓娓道来，生怕读者过早接触新的信息。这种信息架构方式从根本上有别于标准的学术论文写作，为英语科技博客增添了自己的特色。扩展到段落和语篇层级，英语科技博客依旧保持着重心后置的做法，循序渐进地建构整个语篇，为读者设置了较低的阅读门槛。

在新信息的排位上，汉语科技博客和标准学术语篇没有明显差别。新信息出现在主位的情况依旧普遍，如下面这段文字所示：

> 所有肺癌亚型中，恶性程度最高、预后最差的亚型是小细胞肺癌，约占肺癌的 15%，其 5 年生存率只有 5%。高转移、易耐药是小细胞肺癌最为显著的两个特征。揭示小细胞肺癌转移和耐药的分子机制是当前领域内两个重要的国际前沿热点。研究人员长期关注这两个科学问题，致力于深入理解小细胞肺癌转移和化疗耐药的机制。

这段文字出现在语篇起始部分，表达重点是“恶性程度”“预后最差”“高转移”“易耐药”“肺癌转移”“分子机制”这些新信息。它们均被放置在小句主位，得到了充分强调。对读者而言，在缺少相关知识储备的情况下，迎头理解这些新信息是有一定难度的。这种写法非常近似于标准学术论文的模式，假设读者是专业领域内读者，已经具备了相关知识，对“预后”“耐药”“转移”等概念的专业内涵已有准确的掌握。因此，对普通科技读者而言，这段文字的阅读门槛并不低，并不符合科技博客面向大众的写作初衷。为了说明英汉语篇在信息结构上的差异，本书对所选语篇中的信息结构进行了统计对比，如表 4.2 所示：

**表 4.2 英汉科技博客的主位信息类型**

| | 语言 | 个案数 | 平均值 | 标准差 |
|---|---|---|---|---|
| 主位+新信息 | 英语 | 50 | 5.621 | 1.766 |
| | 汉语 | 50 | 32.880 | 1.390 |
| 主位+旧信息 | 英语 | 50 | 14.671 | 2.045 |
| | 汉语 | 50 | 19.753 | 2.456 |

不难发现，英语科技博客的新旧信息安排有其自身特点，整体上不同于标准的学术写作。可以说，在保证信息得到正确传达的前提下，英语科技博客建立了自身的信息结构风格。其中主要诉求是降低阅读难度，拉近和读者的距离，保证博客内容得到更广泛的传播。英语科技博客的信息处理方式，充分展现了语篇形式如何服务于内容，通过语篇内部结构调整将原有艰深内容进行简化。

汉语科技博客和标准学术写作的区分度不高。无论是主位的选择，还是新旧信息的安排，都沿袭了后者的做法。换言之，此类博客并没有在信息结构上展现独特性，更没有形成自身的风格。事实上，很多汉语科技博客照搬了学术论文的内容，只是在形式上做适度简化，或者去除艰深术语。这种做法不能从本质上改变科技语篇难以阅读的情况，也不利于吸引更多读者阅读科技博客。这也提醒我们，去除或更换专业术语，简化复杂句式，并不能从根本上改变科技语篇的阅读难度。重视和调整信息结构，对汉语科技博客的发展具有关键作用。

英汉科技博客在信息结构上的差异，对此类语篇的传播程度造成了一定的影响。英语科技博客的普及度更高，受众面更广，因而也吸引了更多的作者参与。汉语科技博客的数量相对有限，读者群体依旧没有突破特定专业领域，对大众的影响力有限。在我国不断强调全民提升科学素养的前提下，汉语科技博客确实需要在信息结构上有所调整。

### 4.3.2 指称成分

第三章提到，指称成分起到了重要的语篇建构作用，在语义上分为人称、指示和比较三个子类型。我们知道，在正规学术写作中，人称代词的出现频率非常低，英汉语篇均是如此。但在英语科技博客中，这种特征开始动摇。例如下面这段表述：

> What if I were to tell you that climate change is linked to expanding waistlines in Kiribati? You might think it's far-fetched, but there is a link, and that link is food security. You see, as sea levels are rising, salt water is entering the fragile aquifers of the Atolls in Kiribati, destroying them and making them bad for the growing of crops.

英语科技博客甚至可以借助人称代词串联起所有小句，整个语篇的架构已经接近日常口语表达。其科技特色主要依赖专业术语和对科学现象的深入解读来保证，人称选择已经不再是区分科技博客和日常表达的特征。相比而言，汉语科技博客中的情况更加复杂。但总体上，人称代词的使用还是和正规学术论文比较接近。最为常见的是“我们知道”“我们认为”这样的表述，第一人称代词在汉语科技博客中还是非常罕见。这就导致此类汉语语篇不以人称指代为结构线索，与口语的区别非常明显。

指示代词在英汉科技语篇建构中的作用相似，但贡献度却大不相同。需要特别注意的是，汉语中的“这”“那”不同于英语中的 this、that。前者没有独立指示的能力，后者则可以成为重要的语篇结构枢纽。汉语中的指示语义基本上以“这些”“那些”的形式出现，例如：

这些质子要完成在双链之间的跳跃，需要跨越一道能量壁垒。它们本身具备的能量，根本不足以穿越，因此传统观点是质子“跳跃”的几率很低。而最新研究认为，导致这些质子能够频频越过能量壁垒的机制，是量子物理中的隧穿效应。

正是由于这一特点，汉语语篇中指示词的语篇建构能力受到一定程度的制约，无法达到英语语篇的水平。语料量化分析印证了上述观察，英汉科技博客中人称代词和指示代词的平均使用量对比如表 4.3 所示：

**表 4.3　英汉语篇人称及指示代词差异**

| | 语言 | 个案数 | 平均值 | 标准差 |
|---|---|---|---|---|
| 人称代词 | 英语 | 50 | 45.717 | 0.684 |
| | 汉语 | 50 | 22.187 | 0.923 |
| 指示代词 | 英语 | 50 | 37.110 | 1.099 |
| | 汉语 | 50 | 11.705 | 0.345 |

需要说明的是，这种差异很可能并不局限于科技博客，在其他语篇类型中应该也可以观察到。在人称和指示代词的使用上，英汉语篇存在整体差异，这和英汉两种语言的类型学差异有密切的关系。在未来的研究中，可以在大规模语篇语料库的支撑下对这一差异开展进一步的分析。

比较性指称在科技博客建构中的贡献度非常高，这与此类语篇重视概念及知识点对比有关。英语中的比较指称选择非常丰富，例如 same、equal、identical、similar、additional、other、different、more、less、fewer、further、better、bigger、smaller、identically、likewise、similarly、otherwise、differently 等。具体又可以分为形容词性和副词性

两大类。在英语科技博客中，两类比较性指称都在语篇建构中发挥着重要作用。例如下面这段表述：

> Similarly, King tides sweep over entire parts of the island once or twice a year, destroying crops and vegetable gardens in their wake. This, obviously, is a bigger problem, and people are becoming increasingly reliant on importing food. But because they have lower purchasing power, the food that they get is of very poor quality.

这段文字的主干结构就是依靠比较性指称搭建起来的，其中的副词性成分贡献度更高。和英语科技博客相比，汉语科技博客的比较性指称的使用频率并不高。一方面，汉语中的比较性指称选择不及英语丰富，较为常见的包括“相同”“同样”“同类”“相近”“近似”“类似”“不同”“更好”“更差”“更大”“相同地”“类似地”等，其中能够起到语篇建构作用的表达更是有限。另一方面，汉语语篇的结构搭建，在不使用比较性指称的情况下也可以完成。观察下面这段表述：

> 超导体也没有（类似的）磁场单向问题，它们与金属关系更大，而不是半导体。半导体总是双向导电，没有任何内在的电位。（类似地，）约瑟夫森结是两个超导体的三明治，在超导体之间有非超导的经典阻挡材料，也没有任何特定的对称打破机制，导致“向前”和“向后”之间的差异。

原文中并没有出现“类似的”“类似地”之类的表述，汉语读者需要在阅读过程中补出相关语义。事实上，每个读者补出的词语可能会有所不同。在写作过程中，作者也不会认为必须使用比较性指称，很多时候甚至认为，使用太多此类表述，不太像是地道的汉语。由此可见，英汉科技语篇在比较性指称上的差异和两种语言的类型学差异有一定关系。英语倾向于使用更多的比较性指称，汉语则明显更少。本书在所选语篇范围内进行了统计分析。就比较性指称成分的使用程度而言，英汉科技博客语篇的差异如表 4.4 所示：

**表 4.4　英汉科技博客中的比较性指称成分**

| | 语言 | 个案数 | 平均值 | 标准差 |
|---|---|---|---|---|
| 比较性指称（形容词） | 英语 | 50 | 31.480 | 3.405 |
| | 汉语 | 50 | 7.801 | 2.075 |
| 比较性指称（副词） | 英语 | 50 | 35.753 | 3.598 |
| | 汉语 | 50 | 6.217 | 1.034 |

如表 4.4 所示，在汉语科技博客中，无论是形容词还是副词担任的比较性指称成分，数量都远低于英语同类语篇。在缺乏更大规模语料的情况下，我们无从判定英汉语篇在比较性指称成分上的整体使用情况。未来的研究可以在这个方面进行探讨，并在特定语篇类型中进行深入挖掘。

综合考虑英汉科技博客中指称成分的使用特征，能够发现它们存在明显的不同。英语语篇指称成分的使用力度全面超过汉语语篇。具体来看，三类指称成分的差异各有不同。在英语语篇中，人称代词的较高使用率与整体写作风格有关。第一和第二人称代词的介入，有助于改变传统学术写作拒人千里之外的风格，能够拉近作者和读者的距离。汉语科技博客整体贴近正规学术写作，其风格特征制约了人称代词的使用频率。事实上，个人感受成为英语科技博客重要的结构线索，作者通常以讲述个人经历的方式串联整个语篇。例如，下面这段话出现在语篇的开头部分，为语篇结构奠定了基调：

I found myself walking down the only road on South Tarawa, the capital of the Pacific Island nation of Kiribati. My mission is to look for healthy and nutritious food to cook. For three kilometers I walked past stall after stall and they were all selling the same items.

指示代词的差异和两种语言类型学特征密切相关。英语中的标记性指示以 this 和 that 为代表，其指示使用场景更加丰富。汉语中以“这”“那”为代表的标记性指示独立性有限，其标准用法是“这、那 + 量 + 名”（吕叔湘、江蓝生 2017）。因此，“这”“那”的语义范围小于 this 和 that，也没有后者使用灵活。受其结构和语义范围的制约，汉语中并不能简单地以“这”“那”为线索串联起不同的小句，由此削弱了汉语中指示代词建构语篇的能力。因此，分析英汉科技博客在指示代词上的不同表现，也需要考虑英汉两种语言的内在差异。

比较性指称在汉语科技博客中的低出现率和汉语的隐性语义表达有一定的关系。在这一点上，此类语篇接近汉语口语，不像正规学术论文一样过度使用比较性指称，甚至表现出欧化特征。由此可见，汉语语篇的作者也注意到了科技博客并不能完全等同于正规论文，在比较性指称的使用上进行了约束。需要注意的是，英汉语作者刻意将科技博客区别于学术论文的努力有不同的着力点。汉语作者在比较性指称上有所规划，英语作者的关注点则在人称代词的调整上。简而言之，上述各种差异既和英汉两种语言的类型学特征有关，也反映了作者不同的写作意识。正是在两种力量的平衡下，语篇的整体特征得以呈现和巩固。这也说明语篇对比研究既要考虑语篇的表意需求，也要重视语言的类型学特征。

### 4.3.3 衔接成分

本书所讨论的衔接成分是语义概念，不同于传统的连词。语篇中所有将小句连接起来的成分都可以归入其中。第三章对英汉两种语言的衔接成分进行了梳理，为本节讨论奠定了基础。衔接成分可以按照语义关系分为三类，即阐述、拓展和加强。每类语义关系还可以进一步划分，例如加强又可以分为相关、方式、时空和因果。在学术写作中，加强子类型最受倚重，其中时空和因果成分使用率非常高。学术写作的主要目的在于解释时空联系和因果关系，必然频繁使用相关衔接成分。但这一特征在科技博客中并没有得到继承，英汉语篇均是如此。对比下面两段英汉表述，很容易发现，时空和因果性衔接成分出现得并不频繁。

On the other promising side, information and communication technology has improved our lives dramatically. It is no longer a question of if autonomous vehicles will be adopted, rather than when it will be? And related to that phenomena, researchers have emphasized on the high level of complexity and difficulty of mixed traffic. Nevertheless, substituting human vehicles with autonomous vehicles has considerable wide ranging positive effects.

振动原理的另一项成功运用是冲击钻。很难设想若没有冲击钻，建筑安装或电气安装的打孔作业将如何完成。用钻头在混凝土构件上单一地旋转，不但进度奇慢，而且摩擦的热量会使钻头前端焊接的合金钢与钻杆开焊、脱落。只有加入振动后，一方面是有力度的轴向锤击，一方面通过旋转将震碎的混凝土残渣排出，才能实现较可观的工作效率。与此相似，风镐、混凝土振捣棒也都是振动原理的成功应用。

在英汉两段表述中，都较少出现时空和因果关系类衔接成分。就衔接成分三大类别而言，阐述和拓展成为主体，加强类型较少涉及。在英语段落中，on the other side、rather than、and 都属于拓展类型，只有 nevertheless 是加强类型。汉语段落同样如此，“不但”“而且”“一方面”

都属于拓展成分，只有“与此类似”有加强语义。对英汉各 50 篇科技博客的统计分析验证了这一发现。在所有的连接成分中，阐述和拓展语义是主体部分。在英汉语篇中，这两类链接成分分别达到了总数的 86.2% 和 88.5%（见表 4.5）。

**表 4.5　英汉科技博客中连接成分的分布**

| | 英语科技博客 | 汉语科技博客 |
|---|---|---|
| 阐述 | 789(46.3%) | 453(38.7%) |
| 拓展 | 681(39.9%) | 582(49.8%) |
| 加强 | 235(13.8%) | 134(11.5%) |
| 合计 | 1,705 | 1,169 |

表 4.5 说明，科技博客中的时空和因果关系已经不是核心内容。我们知道，学术论文最重要的写作目的是体现上述两种语义关系。在这一点上，科技博客已经与学术论文有了明确区分。博主们写作的目的在于说明事实，而不是讲清道理。从语篇建构的角度看，无论是英语还是汉语科技博客，其衔接成分主要的贡献在于串联起大量事实和确定性信息。表 4.5 同时表明，在连接成分具体类别的区分上，英汉语篇之间还是存在细微差异。汉语语篇中分布最多的是拓展成分，而英语语篇中阐述成分略多一些。这一差异和两种语言连接成分的属性有一定关系。汉语中表达阐述语义的连接成分本身就偏少，在很多情况下采取隐性表达的方式。例如：

显著性检验范式的主要缺陷是用“统计显著性”代表“科学显著性”。它引导（或者是误导）科学家关注“统计显著性”，（并且）采用二分法来评定统计显著性，（例如）p 值 <0.05 被认为是具有统计

显著性的标准。（同时）学术期刊倾向于发表 p 值 <0.05 的成果助长了显著性检验的误用和滥用。

这段话中没有任何连接成分，涉及的阐述语义以隐性方式实现。我们可以在括号中补出适当的连接成分，但其必要性远不如英语语篇的对等成分。正是由于汉语隐性表达连接关系的特点，汉语科技博客语篇中的连接成分总量低于同类英语语篇。简单总结，英汉科技博客语篇在衔接成分的使用上表现出趋同性。两种语言都没有使用大量加强型衔接成分，这一点明显不同于传统学术论文。这种趋同性反映了语篇表意需求的强大约束力。正如上节提到的，理解语篇结构时必须同时考虑表意需求和语言类型学属性。在科技博客语篇衔接成分的使用上，表意需求压制了类型学差异，成为语篇结构特征的主导力量。

### 4.3.4 词语链条

词语链条搭建了语篇的整体骨架，是语篇中重要的结构线索。受篇幅所限，英汉科技博客中的词语链条数量都偏少，每篇博客中大约 2—4 条。与学术论文中动辄 10 条以上的词语链条相比，科技博客的线索确实要简练得多。这种线索较为简单的语篇便于阅读，可使读者更快领会文章的主要内容。但英汉语篇中词语链涵盖的语义关系并不完全相同。第三章提到，词语链条涉及的语义关系主要有四类，即同义、反义、上下义和搭配。从本书收集的科技博客来看，英语语篇的线索类型更丰富，四种关系都能涉及，上下义和搭配的运用非常灵活。首先看下面这段英语表述：

It actually softens the lens, which is great news. The problem with bloody statin is it actually affects all of the structures in the eye.... Specifically, the drug is released only within the vicinity of the crystalline lens and lens gets softer without affecting the other structures in the eye. So that means the lens gets

> softer, we can contract, change the shape of the crystalline lens, increase the power of our eyes so we can see very important headlines such as the one in tomorrow's newspaper.

该段落是所在语篇的核心部分，其中有三条主要词语链。第一条是以同义重复的方式建立的，关键词是 crystalline lens。而 structures in the eye 是 lens 的上义词，两者交替出现，形成另一条词语链。文中大量动词和形容词以搭配关系建构了语篇的第三条词语链，其中最为关键的是 soften、contract、change 和 crystalline lens 的搭配，affect 和 structure 的搭配也属于该词语链。语篇中的其他词语大多依附于这三条词语链，或者就是其中关键词的衍生物，例如 softer 和 shape。在英语科技博客中，同义、反义、上下义和搭配关系经常交替出现，使语篇线索更丰富，信息量更大。从语篇结构上看，这种多线索的建构方式可以提高语篇稳固性，是更高效的建构手段。下面分析汉语的例子：

> 即使在极夜，高纬度海区仍存在昼夜光照周期变化，其强度远远低于人类的感知阈值，无法通过肉眼观察昼夜循环，但这一微弱的光周期变化仍能对浮游动物起到有效的调控，从而进行同步的昼夜垂直迁移。极夜期间，北极表层 20m 的浮游动物在正午时分会向下移动，晚上回到表层，昼夜垂直迁移的幅度只有 8m，在有月光的情况下，昼夜垂直迁移的幅度增加。与冰雪覆盖的水域相比，冬季的昼夜垂直迁移在开放水域中幅度更大，这意味着随海冰覆盖面积变小、冰层厚度变薄和提前融化，高纬度海区透光性增加，浮游动物昼夜垂直移动将会受到影响，生物介导的碳的垂直通量将增加。

这段表述阐述博主最重要的观点，同样是所在语篇的核心部分。其中的词语链有两条，都是通过同义和近义重复的方式建立的。第一条词语链不断重复“迁移”和“移动”，最后一句中的“通量”是对“迁移”和“移动”的学术化表达。第二条词语链包括“极夜”和“昼夜”，“正午”和“晚上”是“昼夜”的语义细化。这条词语链为语篇核心内容标定了时间关系。因此，该段落的词语链是比较简单的，语篇的构也比较简练。在本书对比分析的英汉科技博客中，词语链选择的差异还是非常明显的，英语语篇在数量和丰富性上都超过了汉语语篇（见表 4.6）。

**表 4.6　英汉科技博客的词语链分布**

| | 英语科技博客 | 汉语科技博客 |
|---|---|---|
| 同义 | 67 | 48 |
| 反义 | 60 | 43 |
| 上下义 | 57 | 21 |
| 搭配关系 | 45 | 15 |
| 合计 | 229 | 127 |

从表 4.6 的统计数字来看，英语语篇的词语链数量远大于汉语语篇。每个英语语篇中的平均词语链数量达到 4.58 个，几乎是汉语语篇的两倍。更重要的是，英语科技博客中的词语链类型分布更加均衡，四种关系的比例基本相当。汉语语篇中起到关键性建构作用的还是同义和反义两种类型，这表明汉语科技博客作者的写作思路较为集中。

### 4.3.5　语篇建构类要素总结

在前面几节的讨论中，各类要素独立出现。但在实际的语篇建构中，几类要素相互交织，共同建构语篇的整体结构。因此，有必要以整体视角观察各类要素在英汉科技博客中的不同表现。语篇不同于句子，其结构本质上是语义问题，而不是语法层面的问题。因此，对各类语篇建构类要素的审视必须从语义角度出发。其中关键在于，各类要素如何体现不同类型语篇的特定表意需求。换言之，所有语篇建构类要素都受到表意需求的支配。语篇作为特定语类的具体体现形式，必须在语义上切合语类的表意需求。各类要素的载体是词汇和语法手段，但是这些手段受到表意需求驱使，在相同语类中表现出相似的特点。

具体到科技博客语篇，其核心表意需求是向更大规模的群体传播科技信息，各语篇建构类要素必然服务于这一最高目标。但是，在英汉科技博客中，该目标的实现程度并不相同，各语篇建构类要素也表现出诸多差异。从整体上看，英语科技博客的结构特征与表意需求契合度更高，人称、动词和情态表达是此类英语语篇中的标志性主位。这一选择有效地拉近了作者和读者的距离，符合扩大读者群的初衷。汉语科技博客的主位选择以内容为重，不断突出关键信息。这种做法延续了学术写作的思路，不利于拉近和普通读者的心理距离。英汉语篇的信息结构同样彰显了对表意需求的不同理解。英语新信息后置，尽力降低阅读门槛，整体风格有别于标准学术写作重心前置的思路。汉语语篇通常将专业术语和全新概念前置，给读者造成了明显的阅读压力。不难看出，汉语科技博客尚未走出标准学术写作模式，而英语科技博客已经有了自身的结构风格。

主位选择和信息结构的影响集中在小句层面，而指称成分、连接成分和词语链条则是跨小句层面的问题。英汉科技博客在这三个要素上同样表现出不同之处。英语语篇大量使用人称代词进行指称，甚至借助人称代词串联所有小句，语篇结构表现出明显的口语化倾向。汉语语篇人称代词使用偏少，更是较少以人称代词作为贯通式语篇线索，结构上明显有别于口语。汉语指示性和比较性指代的使用率同样偏低。这一现象虽然和汉语的类型学特征有关，但客观上导致汉语科技博客的结构较为松散。在英汉语篇对比中，汉语语篇结构总是较为松散，而英语的整体感更强。这一差异与两种语言在指称成分上的根本差别有密切关系。这一点在后续章节中还会谈到。

英汉科技博客衔接成分的表现高度相似。两者都未频繁使用表达时空和因果关系的衔接成分，说明其表意重点已不再是逻辑关系和时空顺序。如何更有效地陈述已知事实，成为科技博客最重要的写作目的。换言之，科技博客绕开了学术论文中难度最大的部分，普通读者不必费心去了解研究成果的论证过程。因此，英汉语篇都倾向于使用更多的说明和拓展性衔接成分，借此重复和强化事实，而不是进行解读。但也应该注意到，汉语科技博客的连接成分总量偏低，这与汉语中衔接语义隐性表达的特点有很大关系。英语科技博客的词语链条类型更丰富，同义、反义、上下义和搭配四种类型都得到了广泛的运用。汉语语篇集中使用同义和反义关系作为词语链条来源，灵活性上略显不足。英语语篇由多线索支撑，结构更加稳固，语篇更有生趣，更适合阅读，对普通读者更为友善。汉语语篇在这方面的表现则较为单调，不利于语篇结构的强化。

综上所述，英汉科技博客为满足广泛传播科学知识的表意需求，都在结构上有所调整。主要特点是以事实陈述为结构主线，较少涉及论证和分析。但是，英语科技博客更加顾及读者感受，无论是主位选择、信息结构还是词语链条都在向读者感受倾斜。在这方面，汉语科技博客做得并不成功，和标准学术论文的风格差别不大。这种差异必然导致英汉科技博客的影响力不同。在英语世界里，科技博客已经成为一种常见的语篇类型，来源非常丰富，很多学者和研究生都在从事相关写作工作。汉语科技博客的情况则不是很乐观。此类汉语语篇的来源非常有限，本书只发现了科学网这一大型的科技博客来源。虽然也有其他博主在以个体形式创作此类语篇，但影响力有限。此外，汉语读者群体相对较小，点击量无法与英语科技博客相比。这些差异当然是多种原因共同作用的结果，但是，语篇建构类要素不能完全满足表意需求也是一个重要的原因。

## 4.4 语境指向类要素分析

语篇的诸多特征都受到语境制约。第三章对语境指向类要素进行了细致梳理，本节讨论英汉科技博客在此类要素上的不同表现。具体分析涉及词语选择、词义归属、词类转换、句式类型、互文特征和评价手段六个观察角度。其中前三个集中于词语层面，后三个则贯穿了整个语篇。本节观察六类要素的使用情况，解读语篇和语境的互动关系，重点在于探究英汉语篇在相同语境下的不同表现，并从语境依赖度的视角加以解读。

讨论语篇和语境的关系，首先要明确某类语篇处于何种语境之中。科技博客作为一种独立的语篇类型，其语境具备一些明显特点。从语场角度来看，此类语篇的主题是科技知识。不同于学术论文，科技博客所传达的知识应该更通俗，更接近普通大众的知识领域。就语旨而言，科技博客需要拉近作者和读者的距离，降低阅读门槛，消除语言霸权，提供更人性化的阅读体验。因此，科技博客语篇中作者和读者的关系更加平等。就语式而言，科技博客的正式程度介于日常语篇和学术语篇之间。因此，科技博客语篇需要在三个维度满足预设语境的限制。

### 4.4.1 词语选择

我们知道，语篇的词语选择和语境的三大维度（语场、语式和语旨）有着密切的联系。任何一个维度的调整都会引起词语选择的整体变化，相关现象在第三章已有提及。对于英汉科技博客的词语选择，需要重点关注语式和语旨的变化。这是因为，科技博客的语场稳定度非常高，对语篇的决定性作用明显，反而不容易引发英汉语篇的差异。换言之，英汉科技博客的主题是一成不变的，对词语选择的作用相同。在第三章中，我们曾使用下面这段话来说明汉语科技博客对词语使用的刻意控制：

我们所能认知的宇宙中的一切，都是由无数个微观粒子所组成的，而微观粒子组成更复杂的结构的过程中，不但需要累积“砖块”（也就是实物粒子），还需要将这些“砖块”粘接起来的“水泥”（也就是粒子间的相互作用力）。科学家们描述微观粒子以及它们之间的相互作用的理论叫做粒子物理学的标准模型。

句中使用“水泥”“砖块”，就是为了照顾读者的感受，以形象的方式说明复杂的概念。这种现象在汉语科技博客中并不罕见，例如：

在光纤内走几百公里后，携带量子比特或“量子比特”（信息）的光子消失了。因此，他们需要“中继器”，一种“中继器”，部分基于量子存储器。日内瓦大学（UNIGE）的一个团队设法将一个量子比特在晶体（“内存”）中存储20毫秒，创造了世界纪录，并朝着长距离量子电信网络的发展迈出了重要一步。

这里的“中继器”和“内存”，就是借助读者较为熟悉的知识来解释陌生的概念。在汉语科技博客中，作者常以这种方式进行术语解读，有效降低了阅读难度，但是也容易带来一定程度的误解。而在英语科技博客中，此类词语选择较为罕见，在50个样本语篇中仅有两例。为更好地帮助读者理解，英语语篇的词语选择更趋通俗化，常常以概括性词语替代原有的专业术语，例如下面这段文字中的drug一词：

In fact, to coordinate activities all throughout your body, your cells produce drugs that act as signals to other cells. These signalling drugs give instructions for building new tissue and they can also be used as medicine to help repair damaged tissue. I'm interested in repairing damaged brain tissue and my research is all about getting these drugs into the brain.

细胞间传递的物质非常复杂，可以是化学成分，也可以是包括光、热和电流在内的物理信号。因此，其英语表述也非常丰富，例如 chemical compounds、mechanical stimuli、electrical impulses 等。在上面这段文字中，这些表述全部简化为 drug，显然是作者考虑到读者的知识储备而进行的词语选择。相较于汉语语篇的比喻性表达，英语语篇倾向于以上义词替代下义词。在英语科技博客中，词语选择整体呈现出简化趋势，属于语篇层级的系统调整。汉语科技博客的词语选择则重在个体，注重对专业术语的比喻式解读。

词语选择倾向不同，反映了英汉科技博客对语境的依赖度不同。英语科技博客实现了词语的整体调整，使此类语篇具备了自身的风格，与语境的贴合度更高。英语科技博客在语式上已经自成风格，整体上介于学术论文和口语表达之间。语旨上重视拉近和读者的距离，尽量避免艰深词语。这些特点使得英语科技博客更具独立性，读者面对这样的语篇不需要太多的外部信息。汉语科技博客在词语选择上和学术论文非常相似，出现大量的专业术语。在容易产生理解困难的地方，作者往往使用比喻的方法加以解读。无论从语式还是语旨的角度来看，汉语科技博客对自身语境背离度较高，反而对传统学术语境有较高的依赖度，这一点和英语科技博客相对独立的情况大为不同。仅从词语选择的角度来看，英语科技博客更加贴合自身语境，没有过多参考学术论文。汉语科技博客依然是学术论文的变体，还不具备完全的独立性。简而言之，英语语篇把艰深的内容写容易，汉语语篇为难懂的知识打比喻。两者都脱胎于传统学术论文，英语语篇逐渐独立，但汉语语篇依然呈现出依附状态。

### 4.4.2 词义归属

词义归属讨论相同词语如何在各种语境中呈现不同含义。不同于词语选择关注专业词汇的做法，对词义归属的讨论聚焦在常见词语上。观察语篇中词义归属的整体特征，能够揭示语境对语篇有多大的影响力。对科技博客而言，语场对词义归属有决定性作用。很多日常使用的词汇在科技主题的语场中具有特定的含义。相对而言，语旨和语式对科技博客语篇中的词义归属影响有限，很难激发特定词语的不同语义。

从对比的角度出发，可以看到英汉科技博客在词义归属上的明显差异。英语博客中大量出现词语跨主题使用的情况，例如下面两段文字中都出现了 program 这个词：

1）Recent research suggests that a long-term physical exercise program can improve brain functions enough to delay or prevent the cognitive decline that's seen with increased age. Naturally, this leads to further questions. If a long-term program can do such benefits, can a single workout impact brain functions in cognitive performance?

2）These programs run, do their work and then stop. A batch program can be started directly by a user, or it can be invoked to run by an interactive program. A program that computes and prints out a company payroll is an example of a batch program. Print jobs are also batch programs.

两段话中 program 的词义有差异，具体指向恰恰是由各自的语场决定的。当语场是健康主题时，该词的含义是“疗程”。当语场转换为计算科学时，该词就被赋予了“程序”的意思。在英语科技博客中，相同词汇被赋予不同语义的情况非常普遍。读者在不同的语场下，自然会完成词义理解上的转换。因此，此类英语语篇的词义归属受语场的影响非常大。

而在汉语科技博客中，词义归属由语场变化触发的情况要少得多。当语篇主题发生变化时，作者更倾向于对词语含义进行细化和补充说明。对比下面两段文字：

1）程序：是指一组指示计算机或其他具有信息处理能力装置执行动作或做出判断的指令，通常用某种程序设计语言编写，运行于某种目标计算机体系结构上。进程：是计算机中的软件程序关于某数据集合上的一次运行活动，是系统进行资源分配和调度的基本单位，是操作系统结构的基础，是系统分配资源和调度的基本单位，也就是说进程可以单独运行一段程序。线程：是进程中的一个实体，是被系统独立调度和分派的基本单位，是 CPU 调度和分派的最小基本单位，线程自己不拥有操作系统资源，但是该线程可与同属进程的其他线程共享该进程所拥有的全部资源。

2）肺外结核病疗程延长为 12 个月，有两套治疗方案可供选择……短程 MDR-TB 治疗方案是指疗程为 9～12 个月的 MDR-RR-TB 治疗方案，这种方案大部分是标准化方案，其药物组成可因背景及证据不同而异。

第一段话中的“程序”是常用词语。当语篇主题是计算机科学时，它的语义清晰明确，为读者熟知。当“程序”遇到新的主题时，往往需要加入额外的说明。例如，第二段中的“疗程”其实是“治疗程序”的缩写。如果遇到其他主题，又会出现“操作程序”“管理程序”“安装程序”等细致表达。这种情况表明，汉语中“程序”的词义不能简单地由语场来标定，需要补充额外的信息。当然，这和汉语的构词原则有一定的关系，但确实反映出汉语科技博客中的词义归属和语场捆绑得并不紧密，读者依赖辅助说明而不是语场来完成词语语义的转换。

综上所述，英语科技博客中的普通词汇与语境的关系更为密切，其词义归属深受语篇主题制约；汉语科技博客普通词汇的语义依赖附加信息细化，并不完全由主题变化决定，和语境的关系也比较疏离。从这一点上看，英语科技博客语篇对语境的依赖度高于同类型的汉语语篇。

### 4.4.3 词类转换

本书讨论词类转换基于语法隐喻概念，重点分析语篇中环境化、过程化、性状化和名物化的分布特征。语法隐喻各子类型的使用与语境变化有紧密的联系。语场的变化为特定子类型的出现创造了条件，特别是其中的名物化类型，与科技主题密切相关。在学术论文中，名物化的比例经常可以达到语法隐喻总数的 40% 以上。语篇整体上呈现出明显的名物化特征，词汇密度获得极大的提升。但在科技博客中，这种特征有所减弱，名物化的比例有所下降。

环境化、过程化、性状化和名物化分布特征逐步汇聚成显著的语式差异。从学术论文到口头报告，各类科技语篇构成了语式的连续变化体，科技博客处于这个连续变化体的中间位置。名物化的高频出现和语式的逐步固化，为科技类语篇设置了较高的阅读门槛，形成语言霸权，对作者和读者的关系有决定性影响。科技博客出现的目的之一就是要打破这种语言霸权，把科技知识以更容易阅读的形式传播给普通读者。可以说，科技博客中词类转换的分布状态是语境三大维度调整的重要体现。

英汉科技博客在词类转换上表现出明显的不同。英语科技博客的转换率明显高于汉语。其中名物化的比例更是普遍偏高，例如下面这段文字：

> Cognition is a general term commonly used to describe the many mental activities that the brain performs including <u>information processing</u>, <u>language production</u> and <u>decision-making</u>. Mental health and the ability to perform these cognitive processes deteriorates as we age. The <u>deterioration</u> could lead to lack of functions and memory often seen in older adults, especially those with Alzheimer's disease.

该段落的前半部分包括三个名物化表述，即 information processing、language production 和 decision-making。deterioration 同为名物化表述，呼应上个句子中出现的动词 deteriorate，为段落的后半段提供了语篇线索。可以说，该段落的主要信息都压缩在这几个名物化表述中。读者面对这样的语篇，需要对信息高度压缩的名物化表述解包，某种程度上会增加阅读难度。但是，从本书收集的语料来看，英语科技博客对名物化的使用集中在信息透明度较高的语义，压缩后对信息表达的影响并不大。学术论文经常使用专业化程度更高的名物化表述，对非专业读者造成很大的阅读障碍。例如《科学》期刊上的一篇文章在开篇就使用了下面的句子：

> Common techniques for single-atom manipulation involving short-range forces between the tip and the atom and/or vibrational excitation using the tunneling current are not well suited for controllable manipulation of atoms in single-crystal cuprate materials.

其中的三处名物化表述显然不是为非专业读者准备的。作者落笔之时就假定文章的读者群体对 vibrational excitation 和 controllable manipulation 这样的概念了如指掌，不需要进行信息铺垫。此类表达在科技博客中是很难使用的。即便使用，也需要用大量篇幅进行解读，很可能整个语篇就是为了解读某个概念。正因如此，在英语科技博客中观察到的，都是信息解包难度较低的名物化。此类语篇中其他类型的词类转换同样丰富。例如下面这段文字的两处性状化表达：

> I've taught a machine to single out the female parasites from the male parasites and then I can analyze what happens differently in the males and females during puberty. They stop piling fats to sustain their escaping journey with accumulating protein as they grow stronger.

为了从整体上说明英语科技博客中语法隐喻的分布特征，本书对英语语料中的四类语法隐喻进行了统计，结果如表 4.7 所示：

**表 4.7　英语科技博客中的词类转换**

| | 数量 | 比例 |
|---|---|---|
| 名物化 | 2,119 | 35.1% |
| 性状化 | 2,054 | 33.9% |
| 过程化 | 1,503 | 24.8% |
| 环境化 | 374 | 6.2% |
| 合计 | 6,050 | 100% |

表中最值得关注的数据是词类转换的比例关系。名物化的比例超过了35%，已经接近大学教科书的水平（杨延宁 2020）。性状化的比例同样很高，接近名物化的程度。名物化和性状化时常发生联动，可能是两个数据接近的根本原因。在类似 autism disruption 和 neuron inflammation 这样的名词短语中，两个性状化名词所修饰的都是名物化表达。名物化和性状化的总比例高达词类转换现象的近七成，充分说明英语科技博客的信息压缩程度完全不逊于一般的科技类语篇。这至少说明，提高科技类语篇的可读性并不意味着要降低其信息压缩程度。

汉语科技博客中词类转换的使用率低于英语科技博客，这与汉语本身的语言类型学特征有很大的关系。杨延宁（2020）证明，汉语中语法隐喻的整体使用量是低于英语的，在科技语篇中这种差异更为明显。这种既有的差异自然会在英汉科技博客中有所体现。更重要的是，汉语科技博客中词类转换的分布特征也不同于对应的英语语篇，其中较为突出的差异是名物化子类型的使用率偏低。观察下面这段表达：

天体运动轨迹和运动状态具有周期性，至少在一段时间内是稳定的。具体到地球而言，有三种周期最为重要。第一种是地球绕太阳公转的轨道形状（Eccentricity，100 和 400 kyr）。这种轨道有时偏圆，有时偏椭球。但是这种变化对地球接收的直接日照量很小，按照道理，不应该对地球气候产生重大影响。可是，事实并非如此，尤其是在冰球形成之前的温室地球期间，400kyr 的周期对全球碳库循环有深远影响。这种影响显然不是瞬时的，而是通过 400kyr 的积累，积少成多，最终呈现很大的影响。

在这段表述中，名物化只有两处，即“接收”和“循环”。显然，两处名物化都和汉语的名动跨界现象相关。“接收”和“循环”既可以是名词，也可以是动词。这类表述构成了汉语科技语篇中名物化的主体。对汉语读者而言，这类名物化并没有产生太大的距离感，也不会带来阅读上的障碍。从这一点来看，汉语科技博客和学术论文有较大的差别。下面这段文字选自医学论文，其中名物化使用非常密集：

血管紧张素转换酶不止供病毒细胞进入和血压调节那么简单，同时也是体内众多功能的参与者，特别是在中枢神经系统内。这种酶的目标分子是切割小分子肽，而小分子肽在体内作用广泛。例如，大脑内具有神经内分泌调节功能的小肽，具有吗啡样作用，参与中枢疼痛和欣快调节。发现这些分子具有重要的生理意义，证明了脑内具有吗啡样物质。

除了两处“吗啡样”是性状化子类型，其他画线部分都属于名物化表达，多达六处。由此可见，汉语科技博客在词类转换上和学术论文有相当的距离。本书统计了汉语语料中词类转换的使用量，如表 **4.8** 所示：

**表 4.8 汉语科技博客中的词类转换**

| | 数量 | 比例 |
|---|---|---|
| 名物化 | 825 | 28.3% |
| 性状化 | 1,252 | 42.9% |
| 过程化 | 601 | 20.6% |
| 环境化 | 239 | 8.2% |
| 合计 | 2,917 | 100% |

在 50 个汉语语篇中，词类转换的总数量远低于英语语篇。鉴于汉语语篇篇幅较小，数量上的差异在预料之中。从分布情况来看，名物化的比例不到 30%，远低于英语语篇。反而是性状化的程度较高，接近总量的一半。这和汉语语篇中丰富的名词性修饰成分有很大关系。在类似“弧型分布”和“岩石裂隙”这样的表述中，名词性修饰语通常都经历了性状化过程。

上述分析表明，无论英语还是汉语科技博客，在词类转换上都是比较克制的，汉语科技博客在这点上更为明显。此类语篇中的名物化程度已经和口语非常接近，基本不会造成阅读困难。我们知道，词类转换的实现非常依赖语境，特定读者群要长期浸淫在某个语境中，才能完成对压缩信息的解包。英汉科技博客都在去语境化方面进行了努力。汉语科技博客的表现更为突出。读者在面对汉语科技博客中的词类转换时，对语境的依赖度已经非常低。英语科技博客的词类转换使用度较高，但也注意提升信息的透明度，避免出现信息高度压缩的艰深表述。在词类转换要素上，英汉科技博客都比较符合预设语境的限制，其中汉语语篇表现更佳。

### 4.4.4 句式类型

本书讨论的句式类型不依据传统意义上的形式分析，而是关注句子的语义特征。根据第三章的讨论，句式从语义上划分为六个类型，即物质、关系、心理、言语、行为和存在。不同语篇对句式类型的选择倾向也会有所不同。例如，科技类论文以陈述事实为最高需求，必然导致关系类型使用频繁，唯其如此，才能更好地说明事物之间的联系。科技博客在句式类型上有自身特点，其分布特征不同于学术论文。这些特点和预设语境的限制有关。例如，科技博客重视读者体验，需要使用更多心理类型和行为类型句式。和学术论文相比，科技博客中的言语类型句式会减少。原因在于，科技博客语篇对原文的引用有限。

从语篇对比的角度来看，英汉科技博客的句式类型分布有一定的差异。在英语科技博客中，描述作者自身行为的物质类型明显得到了加强。同时，更加重视读者心理感受，也导致心理类型句式受到青睐。例如下面这个段落：

> We build them out of biological molecules like DNA \\(1) and that's because DNA has those base pairing rules.\\(2) You know \\(3) that make the single strands come together. The form that double helix.\\(4) Well, if we carefully design and code those DNA base pairs in synthetic DNA,\\(5) we can get them \\(6)to form much more complex structurers like my nanobots.\\(7) Here we can use those same DNA strands \\(8)to make the robots move or connect to each other. \\(9)Now before we can go ahead \\(10)and assemble an army of injectable nano surgeons or a molecular supercomputer, \\(11) we've got to hit the baby steps first.\\(12)

该段落有 12 个小句，只涉及物质类型和心理过程（第三句）。这种情况在英语科技博客中非常普遍，很多作者希望给读者带来身临其境的感觉，从而降低相关知识的疏离感。这种情况在汉语科技博客中也会出现，但远未达到英语的程度。汉语博客在句式类型分布上接近规范学术写作，关系类型句式的比例要高于英语科技博客。例如：

除了某些类型的感染外，肠道细菌对人类环境的影响并不是因果关系。\\(1) 通过为免疫、代谢和内分泌系统功能设置稳态阈值，\\(2) 一个“不健康”的微生物群本身可能不会导致疾病，\\(3) 而是使其宿主对包括遗传风险、不健康的饮食或生活方式，或遇到情绪或身体压力在内的压力源的影响不那么有弹性。\\(4) 微生物群是复杂疾病的一个组成部分，\\(5) 这一组合病因学的观点得到了重大观察的支持，\\(6) 这些观察发现，\\(7) 具有特定遗传或环境风险的 ALS、ASD、和 PD 小鼠会根据其微生物组组成表现出不同的症状（12-15）。\\(8) 因此，通过饮食或 FMT 建立“健康”微生物群的干预措施，\\(9) 或用益生菌或益生元纠正微生物的细微偏差，\\(10) 可能会赋予生物弹性，\\(11) 减轻潜在的遗传或其他影响大脑疾病的因素。\\(12) 也许动物与它们的微生物密切共同进化的观点，\\(13) 解释了为什么 \\(14) 这么多的结果和疾病被归因于肠道细菌的功能（或功能障碍）。\\(15)

在这段文字中，编号 1、4、5、8、15 的小句都是关系类型，用于建立两类事物之间的关系。编号 2、3、6、7、9、10、11、12、13、14 的小句属于物质过程，说明事物之间发生的实际事件。物质过程依旧是该段落的主体，但是关系过程的比例也相当高。和英语语篇相比，这种差异尤其明显。表 4.9 汇总和对比了英汉语料中各类句式类型的分布情况。

**表 4.9 英汉科技博客句式类型分布**

| | 英语科技博客 | | 汉语科技博客 | |
|---|---|---|---|---|
| | 数量 | 比例 | 数量 | 比例 |
| 物质过程 | 645 | 31.9% | 680 | 24.9% |
| 关系过程 | 283 | 14.0% | 685 | 25.1% |
| 言语过程 | 262 | 12.9% | 409 | 14.9% |
| 心理过程 | 383 | 19.0% | 464 | 16.9% |
| 存在过程 | 238 | 11.9% | 380 | 13.9% |
| 行为过程 | 206 | 10.3% | 112 | 4.3% |
| 合计 | 2,017 | 100% | 2,730 | 100% |

从句式类型分布的情况看，英语科技博客和规范学术论文已有明显区分。表 4.9 的数据表明，关系过程不再是英语科技语篇的主导句式类型，甚至心理过程的重要性都超过了关系过程。这些特点表明，知识普及化主题对此类语篇的句式选择形成了强大制约，表现出的类型分布特征已有明确的特点。英语科技博客作者更愿意以实际经历和真实感受来引发读者共鸣，吸引读者对知识主题的兴趣。这些写作方式的改变表明，英语科技博客对预设语境契合度较高，能够在既有的语场、语式和语旨设定中实现表意需求。

汉语科技博客的情况有所不同，句式的分布依然高度集中于物质过程和关系过程，其中的关系过程比例几乎是英语的两倍。从整体上看，汉语科技博客明显偏向于学术论文，导致此类语篇和预设语境的契合度不高，需要从学术语境中寻找支撑。其中最大的问题还是集中在语式和语旨两个维度。汉语科技博客的作者定义和解读概念的兴趣高于对读者感受的重视，这可能和汉语作者集中于等级较高的科研人员有一定关系。本书没有收集各类视频网站的科普类语篇，或许这些面向更年轻群体的语篇会更在意读者的感受和认知需求。

#### 4.4.5 互文特征

第三章梳理了互文特征和语境的关系。语篇中互文信息出现的方式和频率受语旨影响，在某种程度上决定了作者和读者的关系。语场和语式的变化也不同程度地影响语篇互文特征。互文有三种表现形式，即直接引用、间接引用和语体嵌入。具体使用哪种形式和语篇类型有密切关联。间接引用常见于文献引用规范的学术论文；直接引用在规范性适中的文体中较为常见，例如新闻报道和演讲，这些语篇虽然提供引用来源，但并不受严格的学术规范约束；语体嵌入更多地作为一种灵活的写作手段出现。从语篇的互文形式，很容易观察到语篇和语境的黏合度。因此，本节分析科技博客中的互文特征也从这三个方向展开。

在英语科技语篇中，互文的主要模式是间接引用，偶尔也会出现语体嵌入的情况，例如下面两段英语表述：

1）Less than 5% of papers on the use of research in health policymaking tested interventions to see what worked. But those studies reveal a number of strategies for improvement. The past decade has seen a surge of interest in looking at ways of enhancing the use of research in health policymaking, as well as a growing volume of literature on the subject.

2）This was also the message from a 2011 study from the US, which tested four different types of policy briefs on mammography screening with nearly 300 policymakers. The study authors found different types of policymakers tended to like different types of briefs, with staffers more likely to report a preference for story-focused briefs and legislators preferring data-focused briefs.

这两段互文表述的共同特征是，都没有提供严格的引用说明，也没有提及相关研究的作者，属于典型的间接引用。在英语科技博客中，这类表述极为常见，甚至构成部分语篇的主体。当然，这两段表述也有区别，代表此类语篇中间接引用的细微差异。第一段是对众多研究成果的总结，同时提供了作者自己的观点。第二段针对特定研究，基本上是相关信息的转述，也没有补充作者评述。有趣的是，这两段表述在同一个篇幅不大的语篇中出现，说明这两种方式已经能够相互支撑。语体嵌入在英语科技博客中也会出现，但是仅限于标题部分，明显是为了增加文章的吸引力，语篇正文中出现这类情况的可能性则小得多。下面的标题将演讲语篇中的口号式表述带入科技博客，就属于典型的语体嵌入：

From scientists, for scientists, and beyond: a method to develop a comic based on your research

汉语科技语篇也使用间接引用来建构互文关系，将语篇内容和语境进行衔接，但其比例远低于英语科技博客。双方在数量和比例上的差异如表 4.10 所示：

**表 4.10　英汉科技博客的互文特征**

| | 英语科技博客 | | 汉语科技博客 | |
|---|---|---|---|---|
| | 小句数量 | 篇幅比例 | 小句数量 | 篇幅比例 |
| 间接引用 | 245 | 22.1% | 65 | 4.3% |
| 直接引用 | 83 | 3.7% | 285 | 15.1% |
| 合计 | 328 | 25.8% | 350 | 19.4% |

如表 4.10 所示，直接引用是汉语科技博客中更为常见的互文方式，这一点和英语博客区别明显。下面两段文字分别是汉语语篇中间接引用和直接引用的实例：

1）2017 年 9 月，意大利都灵大学的研究人员发表了一份关于阅读疗法的分析报告。该报告综合分析了十项相关研究，他们的分析结果发表在《临床心理学评论》（*Journal Clinical Psychology Review*）杂志上。分析结果显示，至少六项研究的受试者在参加阅读疗法课程后，其抑郁程度在三年内有显著改善。研究人员表示，阅读疗法从长期来看似乎能有效地缓解抑郁症状，而且是一种经济实惠的治疗方法，可以减少患者对药物的需求。

2) 哈佛大学约翰保尔森工程与应用科学学院 Amy Smith Berylson 教授、哈佛大学化学与化学生物学系教授 Joanna Aizenberg 认为：“自适应自我调节材料的创新代表了一个非常活跃的领域，这是一个由跨学科的科学家和工程师团队解决的问题。该领域取得的进展可能会对我们设计各种应用材料和设备的方式产生重大影响，包括机器人、医学和信息技术。”

从第一段表述不难看出，汉语语篇中的间接引用和英语语篇并没有明显区别，形式和内容都相似。虽然这段话针对特定研究，但对多项研究成果的汇总引用也出现了。第二段表述虽然是直接引用，但是不同于规范学术写作中的文献引用，在形式和内容上都有区别。事实上，我们很难在汉语科技博客中看到标准的文献引用，作者在互文性上还是刻意与学术论文保持了距离。但大量直接引用的出现，事实上混淆了汉语科技博客和学术论文的关系，使两者具有了相似性。此外，在汉语科技博客中很难观察到语体嵌入的情况，这一点和英语有明显的不同。

英汉科技博客在互文特征上的差异，反映出两类语篇和语境的不同关系。英语科技语篇已经不再把直接引用作为信息来源，实际上建立了和学术话语之间的屏障，也脱离了传统学术语境的制约。汉语科技博客依旧广泛使用直接引用，而且大量信息照搬学术论文内容，表明此类语篇和传统学术论文的关系较为密切。从这一点上看，汉语科技博客的独立性还达不到英语科技博客的水平，并且也不完全符合预设语境的要求。

### 4.4.6 评价手段

评价手段从态度、介入和级差三个角度展开论述，构成了庞大的描述框架。科技博客中介入和级差的使用受到语篇属性的制约，有其自身的特点。但是从比较的角度来看，英汉科技博客在这两个子系统上不会产生太大的差异。因此，本节的重点放在对态度系统的对比分析上。按照评价理论，态度的表达涉及情感、判断和鉴赏三个角度。情感主要以个人感受为基础，表现为心理过程的描述，涉及的词语包括人类情感中的爱恨情仇。该角度的表达在科技博客中很少出现，毕竟主观情绪表达不是科技博客的主要诉求。鉴赏发生在美学层面，通常出现在对各类艺术作品的评价中。而判断主要针对客观事实，依赖具有社会认同的规则或规范。在科技博客中，作者使用的最重要的评价形式就是判断，能够有效建立语篇和语境之间的联系。

前人研究已经对汉语和英语的判断意义表达方式进行了细致梳理（如 Martin & White 2005；彭宣维 2014），本节在充分参考已有研究成果的基础上展开对科技博客中判断性表达的分析。下面这段表述中出现了多处判断意义的表达：

> Here in the United States, the most important mosquito-borne diseases is West Nile virus, which is spread through the bite of some types of mosquitoes. So not every mosquito that bites you is able to transmit the virus. Even the types

that can, only do so in a certain time of year. The vast majority falls in the late summer and then there is an immediate and abrupt decline moving into the fall. We see this trend year in and year out and we see it across the country but no one understands why. I believe it all comes down to the mosquito itself. They are not inanimate objects. They are strongly influenced by their environment.

不同于规范学术表达，科技博客作者表达自己对知识点的评判，并不需要提供支撑性的证据。这段表述中的 important 和 strongly 只是笼统的判断，在规范学术写作中并不受欢迎，但在科技博客中并没有什么问题。同理，该段中的 immediate 和 abrupt 如果出现在学术论文中，一定会提供具体数据，但出现在科技博客中则不需要进行细致说明。从这段表述中不难看出，英语科技博客在使用判断系统时自由度比较大，接近于日常口语表达的情况。

当交流双方社会地位平等时，评价手段的使用就比较灵活，双方进行判断的通道更为开放。一旦社会地位有差异，评价手段的运用就会受到限制。同理，双方的亲疏关系也会影响评价手段的运用。从英语科技博客的情况来看，作者和读者之间的关系较为平等，双方被设定的关系也较为紧密。因此，英语科技博客语篇对语境特别是语旨的贴合度非常高。正是在科普写作这样的语境下，作者才会比较自由地使用判断表达，对知识点和学术观点进行评价。

汉语科技博客的情况则没有那么乐观，作者与读者的亲密度达不到英语科技博客的程度，双方的地位还是有较大的差距。这些都导致作者对判断手段的运用更为谨慎。例如下面这段话：

围绕 TPMS 多孔结构的独特性，研究人员开展了一系列有趣的尝试，但依然有很多问题需要进一步讨论研究。当前针对 TPMS 多孔结构设计、制造与应用之间的研究相对孤立，为了保证良好的制造质量，一些制造工艺问题应作为约束条件加入到设计环节中，提高 TPMS 多孔结构的可制造性。……在工业应用的复杂环境中，如何实现 TPMS 多孔结构与多学科应用组合优化，是促进 TPMS 多孔结构更广泛应用的重要基础。

作者对知识点的评价非常节制，没有过多的主观判断。这种情况在汉语科技博客中较为常见。这表明此类语篇更倾向提供确定性表达，并不会为了和读者的互动增加额外的评价。从评价系统的角度来看，汉语科技博客对自身语境的依赖度并不高，很多时候还是沿袭了规范学术写作的思路。这些观察结果在评价手段的数量分布上表现得非常清晰（见表 4.11）：

**表 4.11　英汉科技博客的评价手段**

| | 语言 | 个案数 | 平均值 | 标准差 |
|---|---|---|---|---|
| 判断类态度 | 英语 | 50 | 15.045 | 2.321 |
| | 汉语 | 50 | 9.102 | 1.034 |

### 4.4.7　语境指向类要素总结

本节内容从六个方面对比了英汉科技博客的语境指向类要素。虽然六类要素各有侧重，和语境三个维度的联系程度也有所不同，但是综合考虑六类要素的特点，很容易发现英汉科技博客的整体差异，也能够揭示语篇和语境的复杂互动关系。从整体上看，英语科技博客和预设语境的契合度较高，而汉语科技博客未能很好地体现预设语境的要求。无论英语还是汉语科技博客，其背后的预设语境应该是一致的。从语场上看，科技博客的主题是科技知识的科普表达，有别于学术论文的写作目的。就语旨而言，科技博客的交流双方应该更加平等，人际距离上应该更加接近。具体到语式，科技博客的正式程度远不如学术论文，但和日常表达仍旧有一定的距离。明确了科技博客的预设语境，带入六类要素的特征，就很容易解释英汉科技博客的差异。

从词语选择特征来看，英语科技博客走向了简化科技术语的道路，用概括性表达替代大量复杂的专业词汇，有效地降低了阅读难度。汉语科技博客也在尽力降低阅读难度，但是更多地使用比喻来说明专业术语，由此导致语篇整体表现上的差异。英语语篇在词汇上自成体系，建构了独立的语场特征，不再依赖学术论文。汉语语篇和学术论文之间还有绵密的词语纽带，远未形成独立的语场。这必然导致前者与预设语境的契合度更高，而后者受传统学术语境的影响更大。英汉科技博客在词义归属上的特征也反映了两类语篇对语境的不同依赖度。英语语篇中的词汇深深嵌入预设语境，具体词义依据语场的变化而调整，同样一个词语，在不同主题之下归属不同语义，充分发挥了语境的作用。汉语语篇为了确定词义归属，补充了大量细节，未能充分发挥预设语境的作用。这就导致前者对语境的依赖度较高，后者对语境的依赖度偏低。

名物化词类转换高度依赖语境，其中压缩的信息只能在特定语境中得到复原。英语语篇的名物化程度明显高于同类汉语语篇，说明前者对预设语境的依赖度要高于后者。汉语科技博客中名物化表达受到压制，根本原因还是没有得到语境的充分信息支持。句子类型分布同样展现了英汉科技博客对预设语境的依赖程度。汉语语篇中的关系过程使用高于英语语篇，和规范学术论文比较接近，明显依附于传统学术语境，而非科技博客的自身语境。汉语科技博客对传统学术语境的依赖也反映在互文特征上。在汉语语篇中，直接引用依旧大行其道，和英语语篇形成了鲜明的对比。但是，此类语篇中的直接引用又和规范学术写作有所不同，显示了汉语科技博客也在和传统学术语境保持距离。在英语科技博客中，评价手段的使用率整体高于同类汉语语篇，在语旨上更注重作者和读者的平等，其语境契合度明显好于汉语科技博客。

透过上述特征，我们不难发现，汉语科技博客与预设语境的契合度并不高，反而对传统学术语境有较大的依赖。换言之，汉语科技博客不能很好地完成被赋予的表意需求，其独立性还有待提升。其语场借用了大量专业术语，时常偏离科普主题。在语旨上，作者充分重视交流双方的平等关系，但在实现手段上还是会受到学术写作习惯的干扰。就正式程度而言，汉语科技博客的语式处在英语科技博客和传统学术论文之间，表现出明显的语式混合特征。

从整体上看，汉语科技博客与预设语境有剥离感，容易使读者不断"出戏"，影响阅读感受。英语科技博客的独立性更高，与预设语境高度契合，无论是词汇、句式还是人际表达都已自成体系。在阅读此类语篇时，读者有很强的沉浸感，很少会脱离语篇的主要线索和内容。应该说，英语科技博客已经非常成熟，和传统学术论文泾渭分明。参与英语科技博客创作的科研人员，已经习惯于写作身份的转换，能够驾轻就熟地把握科技博客的写作风格。汉语科技博客还有较大的提升空间。我们也应该注意到，英汉科技博客在语境建构上并不完全同步。英语科技博客独立性非常强，其语境特征已经非常鲜明。汉语科技博客在这方面还有相当长的路要走，这也造成汉语科技博客和学术论文的边界不甚清晰，经常需要在后者的语境下展开论述。

通过对语篇指向类要素的分析，也能够看到语篇和语境的互动关系。汉语科技博客和预设语境契合度低，自带大量额外信息，很多时候还要回到学术论文的语境中。这种状态会反向削弱汉语科普语境的建构，导致科技博客特征不明显，甚至成为传统学术语篇的附庸。英语科技博客已经解决了语境建构的问题，不断强化科技博客语境的独立性。科普类英语写作的历史可以追溯到19世纪初，《科学美国人》1845年就已经创刊。可以说，英语科普语境已经非常稳定成熟。汉语科普类语篇起步明显更晚，其语境建构还有很长的路要走。

## 4.5 小结

本章对比了英汉科技博客语篇的诸多细节。讨论从语篇建构类要素和语境指向类要素两个方向展开，前者涉及四类要素，后者涵盖六类要素。语篇建构类要素揭示科技博客的结构特征，判断英汉语篇是否能够满足其表意需求。语境指向类要素揭示英汉科技博客与预设语境之间的契合度，判断英汉语篇的独立性。

对比分析的结果表明，英汉科技博客在各个方面都存在差异。首先，英语科技博客降低了阅读难度，拉近了和读者的距离，同时避免读者直接面对艰深内容，结构更加适合信息的广泛传播。汉语科技博客在结构上不如英语科技博客合理，整体更类似于学术论文。在铺设语篇的内部结构线索时，英汉科技博客都高度依赖指代成分、连接成分和词语链条，但各自表现不同。从整体结构上看，汉语语篇比英语语篇更为松散。英汉科技博客不会过多使用带有时空和因果语义的衔接成分，不再把逻辑关系和时空顺序作为写作重点。有效陈述事实是科技博客的核心写作目的，这是双方的共同追求。但汉语科技博客的连接成分整体使用率偏低，对语篇内部衔接有一定影响。英语语篇的词语链类型更丰富，汉语语篇的词语链条较为集中，灵活性略显不足，对语篇的趣味性有影响。从整体上看，英语语篇由多线索支撑，结构更加稳固，更适合阅读，对普通读者更为友好。综上所述，英语科技博客在结构上更好地满足了此类语篇的表意需求，而汉语科技语篇的表现不是特别理想。

回到语篇和语境的关系，汉语科技博客语篇整体上背离了自身预设语境。换言之，汉语科技语篇并没有很好地完成自身的预设任务。语境指向类要素整体上偏离表意需求，更多地指向了学术论文。这种整体的偏离有多重原因，其中包括汉语科技博客语篇起步较晚，整体上不如同类英语语篇成熟。更重要的原因在于，汉语语篇的作者并没有刻意地控制自己的写作习惯，保留了太多学术论文的传统写法。这也提醒我们，主观上的控制完全可以从根本上改变语篇的整体特征。在全民科普的大背景下，如何强化科普类语篇的属性，需要进行更多的思考和规划。

上述差异导致英汉科技博客的影响力不同。在英语世界中，科技博客已经成为常见的语篇类型，来源非常丰富，很多学者和研究生都在从事相关写作。汉语科技博客的情况不是很乐观。此类语篇的来源非常有限，本书只发现了科学网这一大型科技博客来源。虽然也有其他博主在以个体形式创作此类语篇，但影响力非常有限。汉语读者群体也相对较小，因此汉语科技博客的点击量无法和英语科技博客相比。这种差异是多种原因共同作用的结果，但是本章的研究发现应该引起重视。

# 第五章 高校官网语篇对比研究[1]



## 5.1 高校官网语篇的特点

### 5.1.1 高校官网语篇

高校官网出现较晚，语篇形式较为新颖。20 世纪 80 年代互联网兴起，官方网站成为高校宣传自身形象的重要手段。近年来，高校官网的实用性日益显著，但其核心表意需求依然是介绍大学整体情况，凸显自身特色，吸引考生和社会公众的注意。受这一表意需求的制约，高校官网语篇在形式和内容上都有鲜明特色。

高校官网语篇主要以宣传为目的，和主流新闻语篇有明显不同。高校官网语篇主题较为单一，以高校内部事务为议题。同时，此类语篇由高校自行创作，刊登在自己的网站上，在自由度上比主流新闻语篇更高。更重要的是，高校官网语篇的根本目的在于建构高校形象，所有语篇要素都为此服务。在建设官网之前，高校已经设计了自身形象，官网语篇需要不断地加以打造和强化，例如学术领先的高校会突出其学术贡献，国际化程度较高的高校则会强调这方面的优势。因此，在对比此类英汉语篇时，首先需要找到预设形象较为一致的高校。

本章选择的语篇来自国内外顶尖研究型大学。这类高校最乐于凸显

1 本章部分内容引自《研究型大学的形象建构：汉英高校官网语篇对比研究》，原载于《外语研究》(2024年第5期，第1-9，80页，作者：杨延宁)。

自身强大的研究实力和优秀的研究成果，其官网刊登的宣传性语篇大多和各学科的最新研究进展有关。与前两章的语篇不同，此类语篇具备二元属性。一方面，此类语篇聚焦于科研进步，有学术写作的影子;另一方面，此类语篇服务于宣传目的，具备新闻语篇属性。这种二元属性形成两种力量的牵扯，共同塑造语篇的最终表现形式。这也是本章内容不同于前两章的一大特点。本章尝试探索在语篇类型具有混合性的情况下，如何有效运用本书建立的研究框架。

### 5.1.2 语料的选择

研究型高校官网语篇具有较高同质性，内容和形式上大同小异。这和大学之间的借鉴有关，也反映了语篇类型对其内容和形式的强大制约力。鉴于这种同质性，本章在确定分析对象时随机选取了中国和美国各 10 所知名研究型大学的官网。这种做法削弱了样本来源的丰富性，但能够充分呈现同类型英汉语篇的差异。考虑到研究型大学的核心关注点在于其科研实力，本章选取的语篇全部集中于科研主题，来自中美各 10 所大学的官网，每所大学 3 篇，共 60 篇。[1] 所有语篇均刊登于 2020 年 1 月 1 日至 2022 年 12 月 31 日之间。汉语语篇长度为 500—1,000 字不等，英语语篇篇幅稳定在 300—800 词左右。语料有明确的选择路径，和高校官网的设计高度契合。在汉语高校官网上有独立的新闻板块，其中一般都有“科研进展”“科研信息”这样的主题，选择路径非常清晰。英语高校官网对应的选择路径从 News 板块入手，细化到其中的 Research 部分，也能轻松获得所需语篇。

## 5.2 语篇建构类要素分析

语篇建构类要素有五个，分别是语音特征、信息结构、衔接成分、指

1 出于某些考虑，本章分析的中英文语篇不标注更具体的出处，并对某些细节表述做了模糊处理，不影响分析。

称成分和词语链条。第四章只讨论了其中的后四个要素，原因在于，科技博客语篇属于较为典型的书面语，语音特征对语篇建构的贡献不大。本章讨论的高校官网语篇，其口语特征更加明显，语音特征对语篇建构的贡献度更高。因此，在本章的讨论中，五个语篇建构类要素都会有所涉及。

### 5.2.1 语音特征

汉语是音节定时型语言，音节的长度大体相当，语音特征的产生依赖音节更迭。英语是音步定时型语言，以我们更容易理解的方式表达，即重音定时。在很多情况下，英语语篇结构并不是以句子形式建构的，其底层逻辑更多地和重读位置有关。每次重读实际上标注了音步边界，而且每个音步的长度大体相当。相对而言，音节的变化没有想象中那么重要。进行高校官网语篇的对比分析时，音节定时和音步定时的差异起了很大的区分作用。

汉语界有韵律研究的传统，为观察音节重叠提供了很好的视角。其中最需要关注的是句尾词的选择、排比句的运用以及句间押韵关系的处理。这些语音特征为语篇标记出大致轮廓，同时有效凸显出语篇的未知信息。英语诗歌研究的传统为音步分析提供了思路，其中的关键是抑扬格五音步的变化。现代英语不完全按照五音步的方式架构语篇，但重读音节之间同样存在类似句子之间的并列和从属关系。将未知信息放在重读音节，可以使语篇中的重点信息串成网络。本节的分析以上述要点为核心内容。首先观察下面这个段落：

> NYU today an<u>nounced</u> that //the University had re<u>ceived</u> //a record-shattering 84,481 applica<u>tions</u>// for first-year admission this <u>fall</u>//, an increase of 12% com<u>pared</u> to last year//. This is the 12th year in a <u>row</u>// of record-setting application <u>num</u>bers//, and applications have more than dou<u>bled</u> during that period//. This record increase in appli<u>cations</u>// is spread across <u>all</u>

//of NYU's undergraduate schools//, which underscores the fact that// the NYU brand is growing stronger //in every field of study.

在这一段落中，音步的重读音节都选在了靠后的位置，例外情况仅涉及两处关系代词 that 和两处介词短语 to last year 及 during that period。而且这些重读和语篇中的新信息基本重合，串联起整个段落的信息重点。同时，段落中的 fall、roll 和 all 分别在三个音步尾部出现，形成了一定的韵律，调整了语篇的整体节奏。虽然该段落没有十四行诗中严整的五音步结构，但是其重读分布均衡，控制了语篇展开的进程。从这个意义上讲，该段落中的语音特征已经与信息结构融为一体。当分析对象转为本章关注的科技主题语篇时，新信息的出现方式也会有所不同，重读的位置也会随之调整。观察下面这个段落：

Artificial Intelligence engineers should// enlist ideas and expertise from //a broad range of social science disciplines, //including those embracing qualitative methods//, in order to reduce the potential harm of their creations //and to better serve society as a whole//, a pair of researchers has concluded in an analysis// that appears in the journal *Nature Machine Intelligence.* //The authors outline reasons// where social science approaches//, and its many qualitative methods//, can broadly enhance the value of AI// while also avoiding documented pitfalls//. Studies have shown that// search engines may discriminate against women of color// while many analysts have raised questions// about how self-driving cars// will make socially acceptable decisions// in crash situations//.

在这一段落中，重读位置明显前置了，整个音步的重心放在了句首，和新信息的分布基本一致。出现这种调整的原因在于语篇主题的变化。该段落的主题是科研，目的在于说明该大学出众的研究实力。重心前置的做法明显承袭了学术语篇的思路，将重要信息置于主位。音步中重读位置的调整很好地配合了这种变化。在本章收集的英语语篇中，重读音节都与新信息有很高的契合度。可以说，语音特征对英语高校官网语篇建构起到了很好的支撑作用。

汉语语篇的情况比较复杂。在新闻属性更加明显的语篇中，汉语的语音特征得到了充分的呈现，在语篇建构中起到了关键作用，无论是句尾词的选用、排比句的运用还是句间押韵关系都得到了较好的处理。例如下面这个段落：

一流大学需要一流文化。在长期的办学过程中，××大学形成了自己独特的文化和大学精神。立足新时代，学校正全面实施卓越育人、卓越学术和卓越治理，建设文脉深厚、智慧卓绝的中国式现代化优雅学府。深入发掘档案资源、创造卓越校园文化，为××大学实现卓越目标提供有力支撑恰逢其时。我们希望这本著作，能成为学校“新生第一课”的重要参考。同时，通过对校史校情的精彩呈现，广大师生校友不仅更加了解熟悉学校的前世今生，也将更加爱校荣校，为学校赋能，坚勇并进，共同致力于立足中国大地的世界一流大学建设。

在整个段落中，几乎所有的句尾词都是四字结构，例如“大学精神”“优雅学府”“恰逢其时”，形成了很好的韵律感。而且这些词语都承载着语篇中的新信息，是作者要重点强调的内容。该段落中的节奏感主要依托重复和排比，包括“一流”“卓越”的不断出现。虽然每句结尾并没有严格押韵，但是相对严整的句式结构和四字词的句尾重复，已经形成了很好的韵律感。与之形成鲜明对比的是，当语篇主题为科研活动时，就展现出了不同的语音特征。例如下面这个段落：

> 大量的考古发现证实了距今11,700—7,000年期间人类在以色列西海岸、爱琴海沿岸、亚得里亚海两岸聚集，逐渐发展形成环地中海早期农业社会的雏形。值得注意的是，在地中海南岸的尼罗河三角洲目前并未出现同时期的考古记录。众所周知古埃及文明源远流长，其核心分布区尼罗河下游河谷见证了在湿润气候条件下人类早期文明的繁荣发展历史。在近几十年考古工作支持下，越来越多的证据表明尼罗河三角洲平原同样具有丰富的早期人类活动记录，尽管其年代要稍晚于河谷地区。但是受限于遗址地层的年代精度，目前无法确定尼罗河三角洲是否存在距今7,000年前的早期人类活动，且早期社会的生业模式演化特征与气候-环境变化的关系仍不清楚。

就语音特征而言，该段落无论是句尾词的选用、排比句的运用还是句间押韵关系，都没有得到充分重视。而且由于频繁使用长句，汉语的韵律感损失严重。这种现象在科技类写作中非常普遍，对内容表达的重视压倒了对语音特征的关注。很多关于科技类文章阅读难度大、不符合汉语规律的说法，恐怕与此有关。从整体上看，本章选择的汉语语篇对语音特征的处理都不够理想。语音特征对汉语语篇建构的贡献度远不如英语语篇。我们知道，研究型高校官网语篇具有“科技＋新闻”的双重属性。就语音特征而言，汉语语篇显然更靠近“科技”端，对新闻属性和传播效果关注不够。

### 5.2.2 信息结构

第三章明确了信息结构的分析要点，第四章也就此开展了针对性分析。在英汉高校官网语篇中，主位的选择高度趋同，内容上主要以人称和事件为基本选择。知名学者、重要科学家和校领导是人称主位最为常见的选择。而事件主位大多和高校的标志性活动、成果和贡献有关。例如，下面这段文字完全以“沙龙”为主位：

“新工科下午茶·学科交叉沙龙”第九期活动在四季庭院内举行。本次沙龙是“工程与材料专场”的第三期，聚焦“智慧城市之智慧水网”主题，由新工科建设办公室主办、学科建设办公室协办，邀请建筑与景观设计学院教授汪芳担任策划和召集人。沙龙吸引了来自环境科学与工程学院、建筑与景观设计学院、城市与环境学院、计算机学院、软件与微电子学院、工学院、人工智能研究院、外国语学院和相关职能部门，以及清华大学、北京交通大学、北京师范大学、中国建筑设计研究院、中国建筑工业出版社共20余个单位的50余名师生到现场参与研讨。

在英语语篇中，这种事件主位同样不胜枚举。事件主位是高校官网语篇的必然选择，是可以预料的语篇表现。在标记性主位的选择上，英汉高校官网语篇同样表现出高度的一致性。特别是时间信息成为标记性主位的主体，在英汉语篇中分别达到了总数的83.4%和71.9%。实际使用情况如下面两个英汉段落所示：

For the first time, MIT chemists have measured the energy transfer between photosynthetic light-harvesting proteins, allowing them to discover that the disorganized arrangement of light-harvesting proteins boosts the efficiency of the energy transduction.

6月24日，××联合研究中心成立仪式暨“设计创造价值与学科前沿”高峰论坛在××大学设计中心楼举办。

英汉语篇虽然都以时间作为标记性主位的主要选择，但是其内容略有差异。前者大多以事件的时间重要性为追求，后者以明确日期为主。这一差异从侧面反映了英汉语篇建构的不同理念。

我们知道，信息结构主要通过新旧信息的排列和主述位的选择来呈现。而且新旧信息和主述位之间会形成四种组合关系，其中“主位 + 新信息”的强调级别最高，通常出现在学术语篇中，而在类似课堂语篇这样的类型中，“主位 + 旧信息”更为常见。高校官网语篇在建构高校形象的过程中，也会形成一定的信息结构选择倾向，这是本节内容特别关注的部分。借助 UAM 软件，我们为选定的英汉语篇进行了主述位自动标注和新旧信息的判读。分析结果表明，汉语语篇中的信息结构更类似于课堂语篇，“主位 + 旧信息”成为最普遍选择。例如下面这段表达：

我校环境学院 ×× 团队与阿卜杜拉国王科技大学（KAUST）×× 团队联合攻关，在膜法水处理技术研究领域取得突破，研究成果以《超高通量纳米多孔石墨烯膜利用低品质热源实现可持续海水淡化》（An Ultrahigh-Flux Nanoporous Graphene Membrane for Sustainable Seawater Desalination Using Low-grade Heat）为题发表在《先进材料》（*Advanced Materials*）上，该工作设计合成了超高通量多孔石墨烯膜并利用低品质热源实现了高效可持续的海水淡化。……×× 团队提出了一种制备超高通量纳米多孔石墨烯膜的新工艺，该过程无需二次打孔和转移过程。所得石墨烯膜为水蒸气提供了极短且快速的传输路径，比迄今为止报道的 MD 膜通量高一个数量级、脱盐率大于 99.8%，在海水淡化中显示出巨大的应用潜力和优势。……×× 团队 ×× 副教授和阿卜杜拉国王科技大学 ×× 博士为论文共同第一作者，×× 副教授和阿卜杜拉国王科技大学 ×× 教授为论文共同通讯作者。该研究工作在 ×× 院士与 ×× 教授的共同指导下完成，得到了国家重点研发计划、国家自然科学基金、中国博士后科学基金资助。

这段描述在汉语高校官网语篇中属于常见类型。其中的新信息，例如“膜法水处理技术”和“超高通量多孔石墨烯膜”，都没有出现在主位，反而是成果的研发团队一直在主位不断重复。显然，作者强调的是完成重大学术突破的研究团队。各类新闻的行为主体出现在句首，而且会不断重复。这种信息结构特征必然会形成相对固化的表达风格。相比之下，英语语篇的主位选择和新旧信息安排更为灵活。例如下面这个段落：

Diawara receives the honor at a university-wide ceremony at Skirball on February 7. Each year, the Martin Luther King Jr. Humanitarian Award is presented to someone within the University community who embodies King's "vision of peace, persistence in purpose, and inspirational action." This year's recipient is writer, filmmaker, and cultural critic Manthia Diawara, a professor of comparative literature and film, University Professor, founder of Africana Studies program, and former director of the Institute of African American Affairs. While the pain caused by the resurgence of the ugly head of hatred and racial privilege is real and painful on a daily basis, our gains are irreversible. And our struggles for justice, excellence in education, and the tolerance of our differences are the winning ones.

在这个段落的七个主位中，后四个全部和新信息重合，而且获奖人的姓名仅在开篇出现一次。显然，人物信息并不是作者表达的重点，语篇中要凸显的反而是该奖项代表的价值和理念。这些内容对读者而言是新鲜的，也是容易引起共鸣的。这种写法在英语高校官网语篇中极具代表性，甚至可以说是一种规范。这类英语语篇往往通过事件来阐述观点，希望形成大学中的某种共识。应该说，这种写法对于大学形象的建构还是非常有帮助的。它能够引领读者耳濡目染地逐步接受大学的理念，从而实现宣传目的。在本章选择的小型语篇语料库中，英语语篇的"主位 + 新信息"模式和汉语语篇的"主位 + 旧信息"模式形成了鲜明对比（见表 5.1）。

**表 5.1 英汉语篇的信息结构选择**

| | 英语语篇 | | 汉语语篇 | |
|---|---|---|---|---|
| | 数量 | 比例 | 数量 | 比例 |
| 主位+新信息 | 207 | 73.9% | 42 | 16% |
| 主位+旧信息 | 73 | 26.1% | 220 | 84% |
| 合计 | 280 | 100% | 262 | 100% |

综上所述，英汉高校官网语篇在信息结构上既有共性也有差异。共性部分集中在对人称和事件主位的选择上，差异部分的重点在于如何安排新旧信息。不断呈现新信息是英语语篇的主要架构方式。汉语语篇在结构上更类似于说明书，反复强调相同的信息，没有为读者提供太多新鲜内容。

### 5.2.3 指称成分

我们知道，指称成分包括指示词、人称代词和比较关系词。语篇分析经常把指示词等同于指称成分，实际上窄化了指称的范围。从英汉对比的角度来看，指示词在两种语言中没有严格对应。汉语的“这”“这些”“那”“那些”“这里”“那里”，语义上并不完全等同于 this、these、that、those、here、there。汉语中也找不到特定的指示词，能够准确表达 the 的指称含义。人称代词在英汉两种语言中对应度最高，对比分析也比较容易操作。相比之下，比较关系的表达更加复杂，在英汉语中有很大差异。首先，汉语表达比较关系的指称成分不如英语丰富。部分英语比较关系词，例如 likewise 和 otherwise，很难在汉语中找到标准的对应。具体的信息在第三章中均有呈现。

基于上述情况，本章对比英汉高校官网语篇中指称成分的不同表现。总体上看，英汉语篇在人称代词和指示词的使用上没有明显的数量差异，但在比较关系词的使用上两者表现出了明显的不同（见表 5.2）。

**表 5.2　英汉语篇的指称成分选择**

| | 英语语篇 | | 汉语语篇 | |
|---|---|---|---|---|
| | 数量 | 比例 | 数量 | 比例 |
| 指示词 | 230 | 48.7% | 190 | 56.4% |
| 人称代词 | 97 | 20.6% | 88 | 26.1% |
| 比较关系词 | 145 | 30.7% | 59 | 17.5% |
| 合计 | 472 | 100% | 337 | 100% |

表 5.2 说明，英汉语篇都以指示词为主要指称成分，占比在总量的一半左右。英汉语篇最大的区别在于，前者的比较关系词更占优势。如下面的段落所示：

> But now, Theodore Kim, associate professor of computer science, and his research team have developed new mathematical techniques that allow for faster, more robust, and more accurate ways to depict these and other natural phenomena. They are described in three papers that will present this week at the ACM SIGGRAPH / Eurographics Symposium on Computer Animation (SCA). For all the advances that have been made in computer animation in the last few decades, there are still some physical phenomena that are poorly understood and particularly tricky to capture. One of these is creating different types of hair that look and move realistically. … … At a time when there are calls for animation studios to have wider ethnic and racial representations in their stories, diversifying hair types is critical.

这一段落的建构以比较关系词为基础，在比较中展开语篇，同时强调文中研究和其他研究相比的独特之处。在英语高校官网，这一语篇建构方式是科研类新闻的主体。通过比较来呈现最新研究的价值，能够更好地体现这些大学的领先程度。而在汉语高校官网中，比较关系词的比例较低，语篇的主要建构方式大多是单线索的，通常不会涉及其他研究。如下面的段落所示：

> 近日，×× 大学物理学院声学研究所 ×× 课题组在非厄米声学研究领域取得了重要进展。他们首次实验实现了声学体系中的反宇称–时间（APT）对称态，并研究了拓扑缺陷态的声局域模式随宇称–时间（PT）对称相变的变化规律。……在声学系统中，由于受到声天然增益介质的缺失限制，如何实现声学 APT 对称相态并观测不同 PT 对称相下声拓扑态的能量局域特性仍然是亟待解决的关键问题。在本工作中，研究人员将增益和损耗非厄米因子引入到声学 Su-Schrieffer-Heeger（SSH）模型中。通过理论推导，发现非厄米因子的强度可以调控系统的 PT 对称性。

单线索语篇建构方式会显著降低比较关系词的使用量。这种建构方式的优势在于充分描述科研成果，细节呈现更为丰富。但高校官网语篇以普通人为预设读者，并不需要呈现过多的细节，反而是研究的价值需要得到凸显，因此比较无疑是更加有效的方式。在这一点上，英语语篇的处理方式更加贴合表意需求，而且单线索的建构方式必然造成词语链数量受限。这一点在 5.2.5 节还会谈到。

### 5.2.4 衔接成分

按照语义关系，衔接成分分为三类，即阐述、拓展和加强。高校官网语篇具有新闻语篇的属性，对三类衔接成分的倚重应该有所不同。新闻语篇的特点是陈述事实，介绍事件发展，不会在逻辑关系上花费太多笔墨。换言之，阐述和拓展语义应该成为高校官网语篇中衔接成分的主要选择，即便涉及加强类型的衔接成分，也会集中于时空子类型，用于高校中重要事件的时间顺序标定。这些预判基于高校官方语篇的新闻属性。一旦科技属性加入其中，语篇的具体表现又会受到影响。本章标注了英汉各 30 个语篇中的衔接成分，其实际分布情况如表 5.3 所示：

**表 5.3　英汉语篇的衔接成分分布**

| | 英语高校官网语篇 | | 汉语高校官网语篇 | |
|---|---|---|---|---|
| | 数量 | 百分比 | 数量 | 百分比 |
| 阐述 | 121 | 32.4% | 79 | 25.4% |
| 拓展 | 136 | 36.3% | 197 | 63.3% |
| 加强 | 118 | 32.3% | 35 | 11.3% |
| 合计 | 375 | 100% | 311 | 100% |

从表 5.3 的数据来看，汉语语篇中的衔接成分确实以拓展类型为主体，符合新闻属性预期。即便有少量加强类衔接成分，也都是以时空顺序架构为目的。例如下面段落中的“之后”“优先”“再”等表述：

转至 ×× 大学第一附属医院后，胸外科协同心脏外科为患者进行了多学科会诊，之后再次组织心脏中心、胸外科、麻醉科、手术室、心外 ICU 展开多学科大会诊。经过多学科反复讨论，团队制定了同期实施经左胸微创冠状动脉搭桥术 + 左肺舌段切除术的治疗方案，手术恢复后，二期进行对侧肺部肿瘤切除。具体来说，先由心脏中心心外科团队实施小切口冠状动脉搭桥术，再由胸外科团队接力，经心外科手术切口，实施胸腔镜辅助下左肺上叶舌段切除术，优先解决患者严重的冠脉狭窄和心肌缺血问题，再同期切除左肺肿瘤。这样不仅一次性解除了患者的心脏风险和同侧的肺部肿瘤……

英语语篇的情况有所不同：三类衔接成分的分布比较均衡，拓展类型不存在明显的优势，加强类型的使用相当频繁，并不完全反映新闻语篇的特点。例如下面这段表达：

At a recent hearing of the U.S. Senate's Finance Committee, Sen. Ron Wyden asked Yale health economist Zack Cooper for his insights into how hospital mergers affect the country's workforce. Throughout the June 8 hearing, Cooper walked senators from both parties through the latest and best academic research on the consequences of hospital mergers, … …. Therefore, the opportunity to share these findings with lawmakers embodies the Tobin Center's mission to not only produce world-class, data-driven research on policy-relevant issues, but also to expand the impact of that work by regularly engaging with policymakers at the local, state, and federal levels. On account of this, the center's efforts to engage directly with lawmakers is paying off.

其中的 therefore、on account of this 都是典型的加强类衔接成分，而且语义指向因果和逻辑关系。这种情况表明，英语语篇已经不限于单纯地陈述事实，建立内部逻辑关系成了更高的追求。换言之，科技写作的特点在英语语篇中也有所展现。科技与新闻并重，塑造了英语高校官网语篇的写作风格，使语篇更具理性色彩，同时也能够满足传播需求。从本书收集的语料来看，英语语篇在衔接成分上的混合特征已经非常鲜明，明显有别于汉语语篇。

### 5.2.5 词语链条

词语链条选择是语篇建构的重要手段，涉及的语义关系包括同义、近义、反义、上下义、搭配等多种类型。第三章已经对相关理论进行了梳理，本章则关注在英汉高校官网语篇中，词语链条的选择有何区别。通过对英汉语语料中词语链条的梳理，本书发现英语语篇中词语链条数量更多，同时词语链条涉及的语义关系也更加丰富。这一差异在下面两个英汉语篇的对比分析中展现得非常清楚：

1）The 2016 U.S. presidential election raised significant concerns among academics, political observers, policymakers, and others about the role social media played in the spread of misinformation during the campaign and the concurrent rise in polarization. So when Andrew Guess … was given the chance to use de-identified primary data from two of the world's most influential platforms to study their effects on the 2020 election, he leapt at it.

2）Guess and his 16 academic collaborators joined with researchers from Meta, the parent company of Facebook and Instagram, to explore how changes in those platforms' delivery of content affected users. The first of the team's work was published this week. Guess is the lead author on two of the Science papers. One looks at the effects of changing the feed-ranking algorithms on Facebook and Instagram, and the other explores what happens when reshared content is removed from users' Facebook feeds.

3）They found that moving users out of the algorithmic feeds "substantially decreased the time they spent on the platforms and their activities." The move also affected the kind of content users saw, with "political and untrustworthy content" increasing on both platforms, "uncivil and hateful content" decreasing on Facebook, and "content from moderate friends and ideologically mixed audiences" rising on Facebook.

1）近日，××大学助理教授××在金融学国际顶级期刊 *Review of Finance* 发表合作论文，深入分析了中国市场环境下，中央银行核心数据发布对于股票市场的影响程度和作用机制。

2）该研究发现，在 2010 至 2019 年的样本区间，在中国人民银行发布重要金融统计数据的前几日内，若当月数据发布时间相对较晚，中国 A 股市场则存在显著为正的溢价，该溢价程度与其后公布的数据内容不相关，却与数据发布时间的早晚相关。同时，每月公告前窗口期内针对 M2 的预测误差较低，说明市场在公告前的不确定性下降。为进一步解释这些现象，××基于信息内生理论框架，讨论了中央银行在不提前公布数据发布日期的情况下，市场投资者在公共信息即将到来之前的信息获取行为。

3）研究发现，在一个公告周期中，若数据发布延迟，没有信息的投资者会提前增加其信息获取强度，导致市场不确定性水平整体降低，推高资产价格形成预公告溢价。该论文进一步使用百度搜索指数刻画了没有信息的投资者的信息搜索强度，以验证理论假说。实证结果显示，数据公告发布时间越晚，事前关于金融统计数据的相关搜索强度越高。

两个语篇分别来自中美顶尖大学官网，主题有相似之处，都涉及网络数据，甚至两个语篇的结构都是三段式。但英汉语篇在词语链条的建构上表现出明显的不同。英语语篇在不长的篇幅内建构了四条词语链。第一条以 election 为核心，包括 political、policy、polarization 等下义词，明确了研究的主题。第二条指向学术研究，包括 academic、researcher、paper 等近义名词，同时和 publish 构成搭配关系。第三条以“改变”为主题，包括 change、remove、reshare、move 等词语。最后一条词语链条指向 effect，涵盖了 increase 和 decrease 两个下义词，同时涉及 affect 这样的动词搭配。四条词语链条之间相互支撑，在较小的篇幅内提供了大量信息。

相比之下，汉语语篇的词语链条较少，其中最为明显的一条是由“数据”和“信息”反复出现构成的。另一条词语链条由“影响”“作用”“导致”“推高”几个词构成，阐明“数据”和“信息”带来的影响。两条词语链之间有明显的语义联系，语篇焦点集中，没有提供其他视角。从整体上看，在本章随机选取的30个英语语篇中，平均词语链数量到达了3.78，而30个汉语语篇的平均值为1.79。鉴于英语语篇和汉语语篇篇幅相当，前者的信息量显然更大，结构也更加稳固。

### 5.2.6 语篇建构类要素总结

语篇结构服务于语篇意义，语篇建构类要素受到语篇表意需求制约。语篇作为基本表意单位，其内部结构变化反映表意需求的调整。高校官网定位清晰，根本目标在于宣传高校特色，凸显高校优势。本章语料来自顶尖研究型大学，相关语篇的核心表意需求在于呈现高校的研究优势，吸引各方的关注和支持。依据这一表意需求，如何使语篇更吸引人，更易于阅读，应该是考虑的重点。同时，语篇的研究主题也决定了其中的建构类要素会受到科技写作传统的影响。换言之，研究型高校官网语篇具有双重表意需求，需要在新闻和科技之间找到平衡。从上述各节的分析结果来看，英语语篇的结构特征整体上更好地体现了双重表意需求。

首先，英语语篇的语音特征与信息结构契合度更高。特别是科技主题的语篇也做到了这一点，充分体现了音步定时型语言的优势。汉语语篇在宣传主题下体现了汉语的韵律特征，但涉及科学研究主题时，汉语的音步定时特征未能得到展现，大量的长句破坏了汉语语篇的节奏感。究其根源，语篇作者受科技写作的影响较深，没有充分重视高校官网语篇的传播需求。就信息结构而言，英语语篇的“主位＋新信息”选择倾向保证了内容的新鲜感，可读性更强，有利于平衡科技主题和新闻属性的双重需求。汉语语篇在这方面有所欠缺，主位部分不断重复旧信息，对新闻属性顾及不够。

其次，在跨小句层面，英语语篇的词语链条更加丰富，能够在有限篇幅内为读者提供更多信息。而且，多词语链将研究内容引向了学科和校园之外，有利于读者更好地理解大学研究活动的意义。汉语语篇的词语链条偏少，更注重研究课题本身。如果仅仅是学术写作，这种语篇建构方式自然没有问题；但考虑到大学官网的宣传意义，汉语语篇有必要增加词语链条数量，为研究主题提供更多的外部信息。和汉语语篇相比，英语语篇使用了更多的比较关系词。这一差异也体现了词语链条过少带来的局限性。只有在多词语链条的情况下，比较关系词才会得到大量使用。国内高校需要在官网上提供更丰富的信息，建构结构更加复杂的语篇。这种努力有利于树立更具吸引力的高校形象。同时，英语语篇使用了更多的加强型衔接成分，而且集中于逻辑关系建构。在某种程度上，这一特征使得英语语篇脱离了新闻语篇的限制，表现出新闻语篇和科技语篇的双重属性。这种做法在保障文章可读性的前提下，充分体现了高校官网语篇的独特性。这一点同样值得汉语语篇借鉴。

## 5.3 语境指向类要素分析

语篇的诸多特征都受到语境制约。第三章对语境指向类要素进行了细致梳理，本节讨论英汉高校官网在此类要素上的不同表现。具体分析涉及词语选择、词义归属、词类转换、句式类型、互文特征和评价手段六个观察角度，其中前三个集中于词语层面，后三个则贯穿了整个语篇。本节观察六类要素的使用情况，讨论语篇和语境的互动关系，重点探究英汉语篇在相同预设语境下展现的种种差异，并从语境依赖的视角加以解读。

在讨论语境指向要素之前，需要明确高校官网语篇独特的预设语境。在语场维度，高校官网主题清晰，内容集中于高校自身活动，可以视作聚焦型的新闻语篇。由于本章选择的语料均来自研究型大学官网，其主题非常明确，始终围绕高校科研活动。在语旨维度，不同于专栏或社论性质的新闻语篇，高校官网语篇的作者与读者之间的关系更加平等。事实上，高校官网高度重视读者感受，甚至需要迎合读者的阅读口味。很多高校官网采用新颖的表达方式，就是为了贴近年轻人的阅读习惯。在语式维度，高校官网语篇的正式程度应该介于书面语和口语之间。为了增加趣味性和可读性，此类语篇的口语特征越来越突出。上述三个维度的分析表明，研究型高校官网有清晰的预设语境。本章重点观察英汉语篇对预设语境的依赖度和背离度。

### 5.3.1 词语选择

通常情况下，语篇中的词语选择与语境高度契合。语场、语式和语旨对同类语篇的制约作用应该是相同的。高校官网的预设语境清晰可辨，其词语选择应该有一定的规律可循。但是，和第四章的情况类似，英汉语篇在词语选择上还是展现出不同的倾向。下面两个段落写作主题相近，都是介绍新技术手段，但在词语选择上却存在明显差异：

> Using scaffolds made of folded DNA, MIT engineers have come up with a new way to precisely assemble arrays of quantum rods. By depositing quantum rods onto a DNA scaffold in a highly controlled way, the researchers can regulate their orientation, which is a key factor in determining the polarization of light emitted by the array. This makes it easier to add depth and dimensionality to a virtual scene. "One of the challenges with quantum rods is: How do you align them all at the nanoscale so they're all pointing in the same direction?" says Mark Bathe, an MIT professor of biological engineering and the senior author of the new study. "When they're all pointing in the same direction on a 2D surface, then they all have the same properties of how they interact with light and control its polarization."

为突破上述成像深度分辨率极限，我校光学与光学工程系龚雷课题组与 × × 开展合作，提出了一种基于三维结构光场照明的三维单像素成像新方法。该成像方法实现了接近衍射极限的三维光学分辨率，将现有三维单像素成像的深度分辨率提高了两个量级，并实现了无标记单细胞的高分辨体成像。……研究团队将该新型成像技术称为基于三维空间光场照明的单像素显微术并搭建了原型显微镜。该单像素显微镜（0.1 数值孔径）能够在 390 × 390 × 3800 $\mu m^3$ 视场范围内以接近衍射极限的光学分辨率，2.7-μm 的横向分辨率和 ~37-μm 的轴向分辨率，对物体的光吸收分布进行精确的三维成像。团队采用 3D-LFI-SPM 成功实现了对藻类活细胞的无标记体成像，并基于此实现了细胞的空间原位计数。未来 3D-LFI-SPM 可拓展至多光谱成像领域，具有重要的生物医学功能成像应用前景。

英语段落的词语难度明显受到了控制，没有使用量子领域的专业术语，同时通过类比的方式说明该技术的特点。其中的 DNA、scaffold、array、engineering 等词语都是科普级别的，不会给读者带来较大的阅读障碍。相比之下，汉语语篇的词语难度要大得多，其中的“衍射极限”“空间原位”等专业表达，即便是理工科研究人员也会感到阅读困难。在本书收集的汉语高校官网语篇中，这种现象屡见不鲜，专业术语频繁出现。这种词语选择倾向无疑会限制阅读范围，不利于高校内部信息的对外传播。

仔细分析可以发现，英汉语篇在语场和语式维度的表现是趋同的。双方对研究主题的界定明确，对语篇正式程度的理解也没有显著差异。词语选择上的差异，主要是因为汉语语篇在语旨维度上对语境的背离，导致对读者群体的设定不够准确。特定领域的学者和研究人员通常不会到高校官网查阅最新科研信息。大量访问高校官网的读者是校外普通人员，甚至包括尚未接触科研活动的高中学生。面对这样的阅读群体，过多的专业术语只会让他们望而却步。从这个角度来看，英语语篇的信息传达效果显然更好。为了更深入地说明新技术的特点，上述英语段落甚至加入了口述内容，用更浅显的词语来讲解技术要点。这一特点将在 5.3.5 节进一步讨论。

### 5.3.2 词义归属

词义归属和词语选择处在一个轴线的两端，前者关注相同词语如何呈现不同含义，后者分析相同语义如何由不同词语实现。高校官网预设语境决定，相关语篇不可能不受限制地使用专业术语。概括性词语必然被赋予多种语义，这是在英汉语篇中都可以观察到的情况。但从本章收集的语料来看，英汉语篇的具体处理方式有所不同。在下面这段英语表述中，最关键的词语是 STING。该词语是 stimulator of interferon genes 的缩写形式，含义非常丰富，也是近期生物学研究的热点。在高校官网这类宣传性语篇中，如何处理这种专业性词语是非常大的挑战。

> A signaling protein known as STING is a critical player in the human immune system, detecting signs of danger within cells and then activating a variety of defense mechanisms. STING is primarily on the lookout for DNA, which can indicate either a foreign invader such as a virus or damage to the host tissue or cell. When STING detects that danger signal, it can turn on at least three different pathways: … The mechanism by which STING stimulates interferon production is well characterized, but it has not been understood how it activates the other two processes.

这一段落出现在语篇起始部分，为随后的具体研究成果铺设了背景信息。在有限的篇幅内，这一段落提供了 STING 的多种语义指向，包括其性质、作用和工作机制。读者在完全不了解 STING 内涵的情况下，也能够充分理解后续研究成果的重要性。在这一段落中，STING 在具体的上下文中呈现出特定语义。而且，解读的词语都较为浅显，例如 player、lookout 和 signal。通过这些解读，STING 被赋予了多种丰富的语义。汉语语篇中同样有此类语义赋予的需求，但做法不同。例如下面这个段落中的“测量”：

> 对于大靶面探测器高精度测量，研制团队攻克了低温工况下高精度平面度非接触测量的难点，基于激光三角测量法提出了适合于传感器低温封装工况下的差分三角测量方法，在真空封装下的测量误差不超过 0.5%，重复测量精度能达到 ±2μm。并在此基础上完成 DTS 测量仪的研制（如图 2 所示），并最终完成 WFST 主焦相机低温工况下的测量，如图 3 所示。目前 WFST 主焦相机已经完成研制，运往冷湖和望远镜本体进行安装和联调联测。

作为语篇关键词，“测量”本身的语义指向非常模糊。为了说明其具体含义，这一语篇几乎在每个“测量”之前都加入了修饰语，例如“高精度”“非接触”“差分三角”“主焦相机”等。这些修饰语为“测量”赋予了具体的语义指向，帮助读者理解研究的具体内容。

上述情况在语料中并非个例，已经成为英汉语篇呈现专业术语的典型做法。

这一观察表明，英汉语篇在确定特定词语的词义归属时，采用了不同的策略。汉语语篇的词义归属更多地借助上下义关系的建构，英语则比较倚重比喻和隐喻等修辞手段。当然这种差异和英汉两种语言的类型学属性有关。英语的拼写文字特点决定大量信息可以通过缩写的方式呈现。在具体的表达中，压缩信息可以通过比喻和隐喻的方式逐步解包。汉语的文字属性和总分式构词原则决定，汉语语篇中的词义归属更多地以补充修饰语的方式实现。两种方式并无优劣之分，但是与预设语境的背离度有所不同。汉语语篇“修饰语 + 概括词”的词义归属方式强化了语篇的正式程度，其语式维度并不完全符合语境预期。第四章对科技博客的分析表明，汉语科普语篇已经开始广泛使用比喻的方式来解读专业词汇的语义，例如以“砖块”来指代粒子，以“水泥”来比喻粒子之间的作用力。这一思路可以有效地降低语篇的正式程度，值得高校官网语篇借鉴。作为对照，英语语篇广泛使用比喻和隐喻，语式特征接近口语，更加符合预设语境。

### 5.3.3 词类转换

词类转换观察语篇中环境化、过程化、性状化和名物化的分布特征。从语场维度来看，名物化类型和科技主题高度相关。在规范的学术论文中，名物化的比例可以达到词类转换总数的 40% 左右。本章选择的语篇聚焦于科研主题，名物化的高比例使用在意料之中。但也要注意到，高校官网语篇本质上属于新闻类语篇，致力于将研究主题进行更广泛的传播。换言之，此类语篇需要在语旨维度进行调整以拉近与读者的距离。这种努力必然影响到词类转换的分布特征。表 5.4 对比了英汉语篇中词类转换的分布特征：

**表 5.4 英汉高校官网语篇中的词类转换分布**

| | 英语高校官网语篇 | | 汉语高校官网语篇 | |
|---|---|---|---|---|
| | 数量 | 百分比 | 数量 | 百分比 |
| 名物化 | 540 | 29.5% | 716 | 40.1% |
| 性状化 | 698 | 38.1% | 397 | 22.2% |
| 过程化 | 375 | 20.5% | 435 | 24.3% |
| 环境化 | 219 | 11.9% | 240 | 13.4% |
| 合计 | 1,832 | 100% | 1,788 | 100% |

表 5.4 揭示了英汉语篇在词类转换上的不同。汉语语篇的名物化趋向远比英语语篇突出，而英语语篇更倾向于性状化的使用。在同类型语篇中，英语语篇的名物化趋向通常比汉语语篇更加明显，这与英语的发展历史有关。第四章对科技博客的讨论也验证了这一点。但在高校官网语篇中，汉语语篇的名物化程度反而超过了英语语篇。更加反常的是，英语语篇虽然讨论研究主题，但是其中的性状化比例甚至高于名物化比例。这一表现完全不同于一般的科技语篇中名物化占绝对优势的情况。对比下面两个英汉段落，上述观察能够得到更清晰的展现：

A new genetic variant that protects against Alzheimer's disease has been identified by an international team led by .... The newly identified variant occurs in a different gene than the genetic variant from another individual in the same family, whose case was reported in 2019. But the new variant points to a common disease pathway. Insights from the team's findings also pinpoint a region of the brain that may provide an optimal treatment target in the future.

该研究解析了 ×× 的分辨结构，明确了 ×× 的结合模式。这项工作不仅阐明了 ×× 的运转机制，而且有助于 ×× 的改良，指导 ×× 抑制剂的开发。

英语段落呈现了本章所选英语语篇中典型性状化表达，即双修饰语的使用。无论是 new generic 还是 common disease 都属于这种类型，而且较少在一般科技语篇中出现。这种结构有效压缩了多种信息，同时避免了句式的臃肿。值得关注的是，这一结构中的被修饰成分反而选择了简单词语，例如 target 和 pathway。这和科技语篇中常见的 -tion 和 -ment 类名物化表述有明显的区分。换言之，这一段落中的重要信息集中于性状化表述，在名物化表述中反而不突出。从这些特征不难看出，英语语篇对名物化的使用进行了类型和难度上的控制。从语式维度来看，这种抑制名物化、强化性状化的做法有效降低了语篇的正式程度。在语旨维度，上述特征降低了阅读门槛，拉近了与读者的距离。应该说，性状化和名物化的比例变化，使得英语语篇更加符合预设语境的限制。

汉语段落同样呈现了汉语语料中典型的词类转换模式，重点在于名物化表达的架构。段落中的“分辨”“结合”“运转”“改良”“开发”都在语义上实现了名物化，而且其来源都是动词。我们完全可以将其转化为“分辨……”“结合……”这样的动宾结构，使其更加符合口语习惯。但是大量汉语语篇选择了将事件过程名物化。有趣的是，这种名物化还需要引入新的动词，再次转化为“解析结构”“指导开发”这样的动宾结构。这种叠加必然会加大过程化趋势，可以视作名物化的副产品。这也解释了为何表 5.4 中过程化比例同样较高。上述名物化叠加过程化的方式，几乎成为汉语新闻和宣传类语篇的标配，甚至成为被刻意模仿的表达模式。从语境角度考察，这种模式不利于降低语篇的正式程度，也无助于拉近与读者的距离，从语式和语旨两个方向背离了预设语境。

### 5.3.4 句式类型

本节观察高校官网语篇如何使用六种句式类型，即物质、关系、心理、言语、行为和存在。从语场角度来看，由于本章所选语篇具备科研和新闻双重属性，其句式类型分布也会表现出二元性。一方面，科技类语篇重视事物之间的联系，必然导致关系类型使用频繁；另一方面，新闻类语篇陈述事实，进而表达观点，物质和言语类句式会占一定优势。如果将吸引读者的语旨需求考虑在内，是否使用心理类型的句式也是必要的观察点。具体到英汉语篇，两者的表现很可能有所不同，其中决定因素还是对语境的黏合程度。从语料分析的结果来看，英语语篇的句式类型分布更加符合预设语境。而汉语语篇整体上有所偏离，其科研属性得以有效呈现，但新闻属性表现不足。对比数据如表 5.5 所示：

**表 5.5　英汉高校官网语篇中的句式类型分布**

| | 英语高校官网语篇 | | 汉语高校官网语篇 | |
|---|---|---|---|---|
| | **数量** | **比例** | **数量** | **比例** |
| 物质过程 | 245 | 30.8% | 231 | 28.9% |
| 关系过程 | 254 | 31.9% | 374 | 45.1% |
| 言语过程 | 112 | 14.0% | 49 | 5.9% |
| 心理过程 | 81 | 10.2% | 64 | 7.7% |
| 存在过程 | 79 | 9.9% | 90 | 10.7% |
| 行为过程 | 26 | 3.2% | 22 | 2.7% |
| 合计 | 797 | 100% | 830 | 100% |

从表 5.5 不难看出，汉语语篇中的关系过程比例最高，能与之接近的只有物质过程。下面这段文字清楚地展现了这类句式何以能够大行其道：

该研究基于 ×× 数据，采用混合线性模型，分别对比了 ×× 的差异，\\（1）发现 ×× 和 ×× 呈现出特异性的改变模式，\\（2）并揭示了 ×× 的关联，\\（3）为 ×× 提供了来自神经科学的证据。\\（4）研究团队发现，\\（5）第一，对皮层表面积来说，相比 ×× 的显著减少，×× 只有少数脑区有显著改变；\\（6）第二，对皮层厚度来说，相比 ×× 的显著增高，×× 没有脑区与健康人有显著差异；\\（7）第三，跨诊断家族共病组中，×× 未显示出显著关联；\\（8）第四，遗传分析发现，\\（9）×× 的富集通路是不一样的；\\（10）第五，细胞特异性分析显示，\\（11）×× 和 ×× 相互关联。\\（12）

在这个段落的 12 个小句中，有七个属于关系类型（2、3、6、7、8、10、12），主要用于说明研究发现。这种呈现方式在科技语篇中是规范做法，但对新闻语篇而言就过于单调了。相比之下，英语语篇更贴近新闻语篇的句式分布特征，关系过程和物质过程的比例比较接近。例如在下面这个英语段落中，共有六个物质类型小句（1、2、4、5、6、7）和五个关系过程小句（8、9、10、11、13）：

A new study led by … found that the collision had an unintended consequence:\\(1) It launched a cloud of boulders from its surface.\\(2) And, as the paper notes,\\(3) smaller rocks flying off into space could create their own problems.\\(4) Given the high speed of a typical impact, a 15-foot boulder hitting Earth would deliver as much energy as the atomic bomb that was dropped on Hiroshima.\\(5) Fortunately, neither Dimorphos nor the boulder swarm have ever posed any danger to Earth.\\(6) NASA chose Dimorphos\\(7) because it was about 6 million miles from Earth\\(8) and measured just 581 feet across— \\(9) close enough to be of interest\\(10) and small enough,\\(11) engineers reasoned,\\(12) that … would be able to change the asteroid's trajectory.\\(13)

物质过程使用频率增加，与该段落表述中心的设置有关。研究结果和研究背景同样受到重视，作者试图建立研究的完整图谱，帮助读者全面了解研究的来龙去脉。这种写法在汉语高校官网语篇中也开始出现，但是普及程度远低于英语高校官网语篇。更多情况下，还是就事论事的描述研究发现和研究贡献，其结果自然是关系类型句式的大量涌现。英汉语篇比较，前者更加趋向新闻语篇，后者距离科技语篇更近。就语境黏合度而言，英语语篇的表现依旧优于汉语语篇。

### 5.3.5 互文特征

语篇互文特征有三种表现形式，即直接引用、间接引用和语体嵌入。间接引用和学术论文高度相关，直接引用常见于新闻报道和演讲。本章选取的语料能观察到这两种互文形式，但以第一种即直接引用为主。语体嵌入作为催生幽默效果的写作手段，在高校官网上更是难觅踪影。从语料分析结果来看，在英汉语篇的所有语境指向类要素中，互文特征是差异最明显的一项。在英语高校官网语篇中，直接引用达到了文本总词数的41.3%，而汉语语篇仅有3.6%。英语语篇中的典型直接引用如下面的段落所示：

> Since the invention of the telegraph, humans have been able to communicate across great distances in real-time. Today, we can choose among myriad technologies—radio, telephone, video conference platforms—to connect with colleagues and loved ones in different time zones, countries, and continents. These technologies create a telepresence—a sense of nearness between living beings separated only by space. "The purpose of telepresence is to connect people who are alive," says Hiroshi Ishii, the Jerome B. Wiesner Professor of Media Arts and Sciences at the MIT Media Lab, where he directs the Tangible Media research group. "But what about communicating with people who are no longer with us? That is the aim of TeleAbsence, our speculative design project. We attempt to bridge the vast emotional distance caused by bereavement. To create the illusion that we are communicating and interacting with a loved one who has departed. And to discover whether this illusory communication can help soothe our grief."

这个段落的主要内容是研究者本人的陈述。语篇在整体形式上非常接近常见的新闻报道。不同之处在于，研究者本人信息非常准确，不会出现新闻报道中模糊信息来源的做法。大量引用研究者的表述，有利于拉近语篇与读者的距离，使读者产生身临其境的感觉。而且，研究者通常会以较为平易的方式介绍研究内容，显著降低了语篇的正式程度。在语旨和语式维度，这些做法都使得英语语篇更加贴近高校官网的预设语境。

汉语语篇的互文特征非常不明显，直接引用和间接引用加在一起，总字数的比例也仅有 4.7%，几乎可以忽略不计。英汉语篇在互文特征上的显著差异说明，汉语语篇几乎没有利用互文手段建立和语境之间的联系。出现这种情况也反映了汉语高校官网在自身定位上的迟疑状态。如果更加贴近科技语篇，必然会出现大量的间接引用，可以带来明显的互文特征。相反，如果趋向新闻语篇，直接引用会比较丰富，也能提升互文特征的比例。就目前的状况而言，汉语语篇显然处在中间状态，其使用频率自然会大幅下降。

### 5.3.6 评价手段

在高校官网语篇的所有语境指向类要素中，评价手段的使用程度最低，英汉语篇表现出的差异也最小。评价手段涉及态度、介入和级差三个维度。从对比的角度来看，英汉高校官网语篇在介入和级差两个维度上没有明显的差异，分析的重点在于态度系统。态度的表达又可细分为情感、判断和鉴赏三类。情感以个人感受为基础，鉴赏发生在美学层面，两者在高校官网这类半官方语篇中都不会有太大的作为。而判断针对客观事实，无论在科技语篇还是新闻语篇中，都会得到广泛的应用，也是观察的重点。但实际情况是，在英汉语篇中，判断表达的使用量都非常低，每个语篇只有一两处。例如：

> 团队采用 3D-LFI-SPM 成功实现了对藻类活细胞的无标记体成像，并基于此实现了细胞的空间原位计数。未来 3D-LFI-SPM 可拓展至多光谱成像领域，具有<u>重要</u>的生物医学功能成像应用前景。

Success or failure from the three testbeds will be measured in a variety of ways. The most important test for DOLCE is that the structure completely deploys from its folded-up configuration into its open configuration.

而且，这些判断表达都出现在语篇结束的部分，用于总结整个研究的价值。在评价手段的运用上，高校官网语篇既不同于科技语篇，也明显有别于新闻语篇，整体上呈现极低的使用量。出现这种现象与高校官网语篇的预设语境和很大关系。高校官网语篇虽然具有新闻语篇的属性，但高校官网更注重事实，对自己的科研成果秉持客观态度，不会刻意做出评价。而且，高校官网呈现的研究内容具有高度确定性，学术写作中的探讨性内容一般不会出现。这种高度确定性也在一定程度上排斥大量评价内容的出现。两种力量叠加，导致高校官网语篇的评价手段运用被压制到最低点。而且，英汉语篇都高度符合预设语境的限制，表现出明显的一致性。

### 5.3.7 语境指向类要素总结

我们知道，研究型大学的官网语篇受到学术写作和新闻报道两种力量的牵扯，其预设语境的复杂性就源于此。受研究主题限制，英汉语篇在语场维度上不可能有太大的差异，背离预设语境的情况主要与语式及语旨有关。具体而言，汉语语篇在语式和语旨方面的表现都不如英语语篇理想。在词语层面，汉语语篇使用了较多的专业术语，词义归属的方式变相强化了语篇的正式程度。加上名物化的比例过高，汉语语篇的正式程度进一步提升，不利于拉近与读者的距离。同样是表达研究主题，英语语篇的专业术语更少，修辞手段更加丰富，有效降低了语篇的正式程度，为读者设置了较低的阅读门槛。

在小句层面，汉语语篇的句式类型高度集中于关系类型，明显更加趋近科技写作。同时，英汉语篇在互文特征上表现出明显的差异。英语语篇大量引用研究者的表述，类似于新闻报道的处理方式。汉语语篇既没有采用新闻中的直接引用，也不提供科技写作中常见的间接引用。这种中间状态使语篇失去了互文特征，放弃了这种重要的语境指向手段。英汉语篇在评价手段上表现一致，使用率都非常低。这一特征与预设语境的复杂性有密切关联。高校官网语篇处于新闻报道和科技写作之间，反而形成了自身的特点。

综合英汉语篇在语境指向类要素上的整体表现，可以发现汉语高校官网语篇对预设语境的背离度似乎更高。这些表现导致汉语语篇的正式程度更高，英语语篇的阅读难度更低。但是，我们并不能简单判定，汉语高校官网语篇更加类似于科技写作。例如，汉语语篇中出现大量名物化和叠加型的过程化表达，恰恰和汉语新闻语篇的习惯写法有关。因此，在开展英汉语篇对比研究时，我们还要充分考虑两种语言内部的语篇类型特征，以及由此带来的复杂语境。

## 5.4 小结

从整体上看，本章对高校官网语篇的分析细节不如前一章丰富。一方面考虑到主要概念和分析思路在前一章中已经有了较为细致的说明，本章不必重复；另一方面，高校官网语篇的篇幅比科技博客更小。但是，本章内容的复杂性和操作难度超过了前一章。关键原因在于，高校官网语篇具有明显的复合性，其表意需求并不纯粹。本章选择了研究型大学官网作为分析对象，更是导致科技和新闻两种语篇类型的特征混合在一起。应该说，这种选择是本书有意而为，就是为了探索复合型语篇的分析思路。在第三章建立分析框架时，本书就明确提出该框架并不简单服务于某类语篇的研究，也不仅仅针对语篇的跨语言对比。前一章的科技博客语篇有着明确的语类归属，比较容易开展对比研究。本章刻意选择了复合型的高校官网语篇作为分析对象，就是为了在更复杂的表意需求下拓展第三章分析框架的适用范围。

从本章的分析结果来看，第三章建立的分析框架依然适用于表意需求更加复杂的语篇类型。研究型高校官网具有明显的双重表意需求，需要在新闻报道和科技写作之间找到平衡点。这一特征决定了相关语篇在建构类要素上的诸多表现。例如，高校官网语篇需要在信息结构上充分考虑新旧信息的安排，以更轻松的方式呈现阅读难度较高的内容。具体到跨语言对比，英汉语篇虽然都在尽力调和双重表意需求，但是具体表现明显不同。不得不承认的是，英语语篇的整体处理方式明显优于汉语语篇。在语音特征、信息结构、词语链建构以及衔接成分和指称成分的使用上，英语语篇都能够更好地兼顾语篇的科技和新闻属性。汉语语篇似乎更加贴近科技语篇，在结构上有很多学术写作的痕迹。

复合型的表意需求催生了独特的预设语境。高校官网语篇在语境三大维度上有自身的明确要求。无论是汉语语篇还是英语语篇，都会在这些要求之下展现出独特的属性。例如，英汉语篇都回避了评价手段的使用，实际上是在新闻和科技的双重语境限制下选择了折中状态。英汉语篇中其他语境指向类要素的表现，也反映了双方对语境限制的不同选择。英语在语式和语旨维度上都更加趋近于新闻语篇，同时在语场维度上坚持科技写作特色。汉语语篇在语式和语旨维度上受科技写作的影响更大。虽然汉语高校官网在诸多方面进行了调整，使之更加符合语境的要求，但是整体上依旧较英语语篇逊色，还有很大的提升空间。

# 第六章 理科教材语篇对比研究



## 6.1 教材语篇的特点

教材语篇具有两个显著的特点：规范性和稳定性。任何国家的教材都经过严格的设计、编写和审核，其语言经过多层次、多角度的打磨，展现出极高的规范性。无论是词语选择、句式特征还是语篇结构，教材都具有范本属性，成为众多学生模仿的对象。即便是理科教材，其表达方式也会被广泛模仿。许多学生的书写习惯与当时广泛使用的教材密切相关。在一些偏远地区，教材甚至可能是学生唯一的语言范本。

教材语篇的稳定性与教材的更新速度有关。教材编写工程浩大，迭代时间长，导致教材语篇在相当长的时间内不会有大的变化。不同时期的教材犹如时间胶囊，固化了特定时期的语言特点。跨时代的教材分析可以有效呈现语言的演变历程。由于其规范性和稳定性，教材研究具有重要价值。教材语篇分析能够帮助我们获取大量重要信息。同时，对范本式语篇进行分析具有示范性作用，有利于将本书的研究模式应用到其他类型的语篇。基于这样的考虑，本章以教材语篇作为研究对象。

## 6.2 理科教材语篇的选择

教材语篇可以根据学科、年级和时代等要素划分为多种类型。由于篇幅有限，本章聚焦于特定类型的教材语篇，选择高校理科教材作为分析对象。我国高校的理科教材经常受到学生的批评，认为其阅读难度高，语言晦涩艰深，构成了学习障碍。甚至有学生专门使用国外同类型教材进行学习，以绕过汉语教材。近几年，此类批评愈演愈烈，在网络和自媒体中产生了较大影响。这些批评大多基于学生的直觉判断，缺乏严谨的语言学分析作为支撑。但是，此类观点不利于我国教材质量的提升和精品化教材的建设。本章针对中外高校使用的最新主流理科教材，开展客观的对比研究，通过本书建立的语篇分析框架，探究学生的直觉判断是否合理。

考虑到理科教材数量庞大，本书选择了最新版的英汉理科教材，科目为物理和化学。之所以选择这两个科目，主要是因为物理和化学是理科的基础学科，具有广泛的影响力。至于同样基础的数学教材没有被纳入分析范围，是因为高校数学教材包含大量公式，其语篇架构和语言表达已经形成自身独特的风格（O'Halloran 2004）。因此，以数学语篇为研究对象，无法揭示理科教材的普遍特征。在筛选教材的过程中，本书充分考虑了教材的影响力，选择了在国内外使用最为广泛的教材。为了使选取的语篇更具代表性，本书还充分考虑了教材中不同语篇类型的分布情况。杨延宁（2020）梳理了理科教材中的主要语篇类型，并确定了不同类型的分布比例。基于此，本书依据不同类型语篇的比例关系，在英汉教材中分别抽取了 132 个和 129 个语篇，构成了一个小型的语料库。英语语篇的词数稳定在 500 词上下，汉语语篇的篇幅从 600 到 800 字不等。英汉语料库的体量分别为 68,733 词和 97,008 字。英汉语篇中的小句数量基本稳定在 70 个左右，为量化比较提供了基础。具体语篇类型和数量如表 6.1 所示：

表 6.1 英汉理科教材语篇的类型和数量

| | 英语 | | | 汉语 | | |
|---|---|---|---|---|---|---|
| | 物理 | 化学 | 合计 | 物理 | 化学 | 合计 |
| 1.报告类/定义 | 9 | 6 | 15 | 10 | 6 | 16 |
| 2.报告类/区别 | 8 | 7 | 15 | 6 | 7 | 13 |
| 3.报告类/描述 | 15 | 17 | 32 | 16 | 15 | 31 |
| 4.报告类/构造 | 3 | 4 | 7 | 5 | 2 | 7 |
| 5.解释类/过程 | 9 | 6 | 15 | 8 | 6 | 14 |
| 6.解释类/原因 | 4 | 7 | 11 | 4 | 4 | 8 |
| 7.解释类/理论 | 5 | 4 | 9 | 3 | 4 | 7 |
| 8.解释类/结果 | 4 | 3 | 7 | 6 | 5 | 11 |
| 9.实验类/步骤 | 7 | 8 | 15 | 6 | 9 | 15 |
| 10.实验类/复述 | 3 | 3 | 6 | 4 | 3 | 7 |
| 合计 | | | 132 | | | 129 |

## 6.3 语篇建构类要素分析

和前两章的做法相同，本章继续开展选择性的要素分析。在语音特征、信息结构、衔接成分、指称成分和词语链条这五类语篇建构要素中，语音特征对教材语篇的贡献显然不如后四类那么重要。因此，本节讨论将集中在后四类要素上。

### 6.3.1 信息结构

对于教材语篇的信息结构，我们最关注的是新旧信息的选择。理科教材需要呈现大量新信息，如何排布新旧信息必然会影响信息传达的效率。从本书收集的 261 个教材语篇的情况来看，[1] 汉语教材更倾向于在句首使用旧信息，而英语教材中句首新信息的比例明显更高。例如，下面的中英文段落就展示了这种差异：

此外，人们也发现存在着质量相同但性质不同的原子。例如 S 和 Ar，虽然质量数都是 36，但由于它们的质子数不同，分属于不同元素——硫和氩。同样的，Cu 和 Zn，虽然质量数都是 65，但由于它们的质子数不同，也分属于不同元素——铜和锌。这种质量数相同，但质子数不同，分属于不同元素的几种原子，互称同量素。同量素的存在，也说明了以核电荷（质子数）作为划分元素的标准是符合客观规律的，抓住了事物的本质。

Nuclides of the same element possess the same number of protons and electrons but may have different mass numbers. The number of protons and electrons defines the element but the number of neutrons may vary. Nuclides of a particular element that differ in the number of neutrons and, therefore, their mass number, are called isotopes. Isotopes of some elements occur naturally while others may be produced artificially.

汉语段落做到了每个句子都以旧信息开始，无论是“我们”“例如”“同样的”还是“由于”，都是为了引导旧信息，方便读者启动知识储备。新信息即便出现在小句开头，也是重复前一句的表达。例如其中的“同位素”，就是简单重复前一个小句最后的信息，并不能称为新信息。该特征降低了汉语段落的阅读门槛，读者友好度更高。相比而言，英语段落的新信息密集出现在句首，其中的 nuclides of the same element 和

1　这些语篇均选自中外高校理科教材，出于某些考虑，正文中不标注具体出处。

nuclides of a particular element 都是全新的信息。作者明显以新信息为核心建构整个段落，引导读者在阅读过程中不断寻找新信息的内在含义。这种写法阅读门槛比较高，但对读者的吸引力更强。要读懂整个段落，读者必须保持高度专注，并善于理清概念之间的联系。这种阅读习惯一旦建立，就有利于迅速掌握新知识，也有利于培养科学的书写习惯。毕竟在真正的科技语篇写作中，新信息前置才是最为常见的选择。本书以 132 个英语语篇和 129 个汉语语篇为样本，对英汉教材句首新信息的选择倾向进行了量化分析，结果如表 6.2 所示：

**表 6.2　英汉教材中的新信息**

<table>
<tr><th colspan="2"></th><th colspan="2">语言</th><th>个案数</th><th>平均值</th><th>标准差</th><th colspan="2">标准误差平均值</th></tr>
<tr><td colspan="2" rowspan="2">新信息</td><td colspan="2">英语</td><td>132</td><td>62.6667</td><td>9.0668</td><td colspan="2">0.79829</td></tr>
<tr><td colspan="2">汉语</td><td>129</td><td>53.6364</td><td>10.7122</td><td colspan="2">0.93238</td></tr>
<tr><td colspan="2" rowspan="3"></td><td colspan="7">平均值等同性 t 检验</td></tr>
<tr><td rowspan="2">t</td><td rowspan="2">自由度</td><td rowspan="2">显著性（双尾）</td><td rowspan="2">平均值差值</td><td rowspan="2">标准误差差值</td><td colspan="2">差值 95% 置信区间</td></tr>
<tr><td>下限</td><td>上限</td></tr>
<tr><td>新信息</td><td>假定等方差</td><td>7.343</td><td>259</td><td>0.001</td><td>9.0303</td><td>1.2297</td><td>6.6086</td><td>11.4519</td></tr>
</table>

表 6.2 说明，英语教材中的新信息使用频率远高于汉语教材。这一观察和预想的并不一致，汉语教材并没有在句首充斥大量新信息。汉语教材的信息排布方式对读者更为友好，应该更能获得读者认同，至少不应该成为读者不满的来源。换言之，读者对汉语教材的批评至少不应该是针对其信息结构的。这一分析结果也表明，汉语教材作者在信息结构上进行了充分规划，对读者感受有相应的考虑。

### 6.3.2 衔接成分

在英汉教材中，衔接成分的使用情况同样与预期有所不同。汉语教材使用了大量的衔接成分，甚至显得有些冗余，许多语篇中的衔接成分实际上可以适度删减。众所周知，汉语口语对衔接成分的使用相当克制，在可有可无的情况下，通常倾向于不用。观察本书收集的汉语语篇样本，其中相当一部分使用了大量的衔接成分。例如，下面这个段落就展示了这种情况：

> 气体的特性是能够均匀地分布在占有的全部空间。因此，在任何容器的气体混合物中，只要不发生化学反应，就像单独存在的气体一样。每一种气体都是均匀地分布在整个容器中，占据与混合气体相同的体积。例如，上述氮、氧气体混合后，两者的体积都变成 50ml（具有与混合气体相同的总体积）。此时，氮气和氧气的压力必将发生变化。

这个段落仅有七个小句，连续使用了六个衔接成分，而且涉及多种类型。以汉语口语的表达习惯衡量，多处衔接成分其实都无须出现，有使用过度的倾向。使用较多衔接成分，有利于将语篇切分为数量更多的小句，远比欧化的长句更贴合汉语表达习惯，能够降低语篇阅读难度。但是是否需要使用如此多的衔接成分，确实值得考虑。英语教材语篇在使用衔接成分时更加克制。在同等篇幅内，英语语篇中出现的衔接成分远不如汉语语篇频繁。例如，下面这个段落同样有七个小句，但是仅仅使用了两个衔接成分，而且类型雷同：

> It can be shown that if the process were controlled by the rate of conversion of oxygen molecules into oxide ions, the rate would depend on *P*. If the reaction involves equilibrium between oxygen molecules and oxide ions

on the surface of the ..., the rate at which ... is produced would depend on $P$. Neither of these mechanisms is consistent with the observed dependence of the rate on the partial pressure of oxygen.

在衔接成分的使用频率上，英汉语篇表现出成明显的整体差异。本研究统计了 132 个英语语篇和 129 个汉语语篇中衔接成分的总体分布情况，同时对两组语篇样本进行 T 检验，结果如表 6.3 所示：

**表 6.3　英汉教材中的衔接成分**

<table>
<tr><td></td><td>语言</td><td>个案数</td><td>平均值</td><td>标准差</td><td>标准误差平均值</td></tr>
<tr><td rowspan="2">衔接成分</td><td>英语</td><td>132</td><td>22.0000</td><td>6.2063</td><td>0.5402</td></tr>
<tr><td>汉语</td><td>129</td><td>25.9690</td><td>20.3630</td><td>1.7928</td></tr>
</table>

<table>
<tr><td colspan="2" rowspan="3"></td><td colspan="7">平均值等同性 t 检验</td></tr>
<tr><td rowspan="2">t</td><td rowspan="2">自由度</td><td rowspan="2">显著性（双尾）</td><td rowspan="2">平均值差值</td><td rowspan="2">标准误差差值</td><td colspan="2">差值 95% 置信区间</td></tr>
<tr><td>下限</td><td>上限</td></tr>
<tr><td>衔接成分</td><td>假定等方差</td><td>2.140</td><td>259</td><td>0.013</td><td>3.9689</td><td>1.8546</td><td>0.3169</td><td>2.140</td></tr>
</table>

统计结果表明，汉语理科教材明显使用了更多的衔接成分，而且在不同语篇之间，衔接成分的使用更加不均衡。换言之，汉语教材中的部分语篇使用了大量的衔接成分，明显超出平均水平。英语教材在这方面的表现更加均衡，数据标准差明显更小，说明英语语篇较少使用衔接成分。不难发现，汉语教材在利用衔接成分建构语篇结构时，内部弹性更大，写作习惯的一致性较差。英语教材虽然使用了较少的衔接成分，但是语篇的一致性明显更好。本章开篇就提到，教材对规范性和稳定性有较高的要求。仅

就衔接成分的使用而言，汉语教材在规范性和稳定性上有待提高。这也解释了，为何学生对汉语教材的使用感受会前后不一。上一节内容很简单，但是下一节就有可能变得难以理解。这种特征也许和教材编写者群体内部不同的写作习惯有关，未来需要对此做深入的分析和讨论。

我们知道，衔接成分包括三类语义关系，即阐述、拓展和加强。每类语义关系都可以进一步细化，例如加强关系又包括相关、方式、时空和因果等子类型。在讨论科技博客时，我们发现这类语篇不同于学术写作，并不重视包括时空和因果关系在内的加强关系。本章的语料分析表明，理科教材的情况高度类似于学术写作。无论是英语语篇还是汉语语篇，衔接成分明显偏重加强关系，阐述和拓展类型的出现频率并不高。英汉语篇的整体表现如图 6.1 所示：

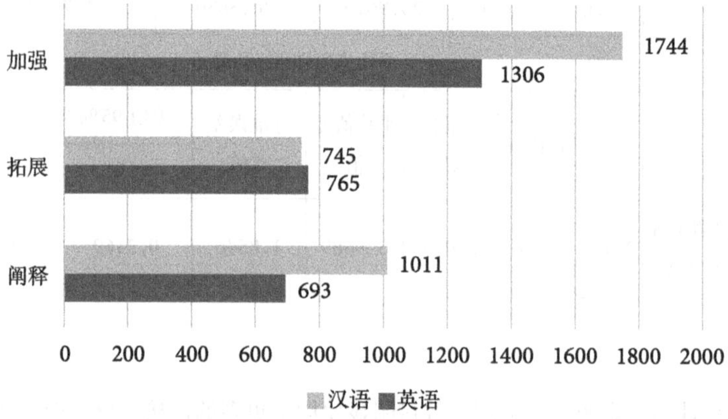


**图 6.1　英汉教材衔接成分的分布**

从数量上看，理科教材语篇的加强类型衔接成分超过了总数的一半，表明此类教材最重视语义层级的提升，希望建立知识点之间的时空、因果和逻辑等关系。可以说，理科教材是典型的信息扩充型语篇，而且这类扩充对读者的理解能力有较高要求。这一特点决定理科教材和学术语篇更为接近，与科普类语篇明显不同。

图 6.1 的数据也表明，英汉教材在衔接成分的使用上有不同的侧重点。汉语教材在阐述和加强语义上表现更加突出，使用量几乎是英语教材的 1.5 倍。这也解释了为何汉语教材中，衔接成分的总量和篇均数量都远大于英语。对大量语篇的分析也验证了这一统计发现。汉语教材语篇特别重视逻辑关系和信息叠加。例如，下面这段话有四个衔接成分，均为阐述和加强类型：

带电体所带电荷的多少叫电荷量。习惯上，把带电体简称电荷，如运动电荷、自由电荷等。正电荷的电荷量取正值，负电荷的电荷量取负值。一个带电体所带总电荷量为其所带正负电荷量的代数和。因此，电子被当作是一个无内部结构而有有限质量、电荷的“点”。质子中只有正电荷，中子内部也有电荷。靠近中心为正电荷，靠外为负电荷，正、负电荷等量，对外不显电性，即不带电荷。正常情况下，同一个原子中正、负电荷量相等。因而，整个物体表现为不带电或呈电中性的。

### 6.3.3 指称成分

指称成分包括指示词、人称代词和比较关系词三种类型。整体上看，理科教材中使用最多的是第一个类型，即指示词。比较关系词在进行概念和性质对比时会被用到。人称代词的使用频率最低，在提及科学家生平时会偶尔出现。例如，在下面两个中英文段落中，只出现了指示词：

Because of numerous similarities in their properties and reactions, aluminum and beryllium will be described together even though they are in different groups of the periodic table. Although it is not completely understood, there is some indication that the accumulation of aluminum in the brain may have some relationship to Alzheimer's disease, and beryllium compounds are extremely toxic.

铝在自然界主要以铝硅酸盐矿石存在，如云母和高岭土。此外，含铝的矿石还有铝土矿和冰晶石，这些都是冶炼金属铝的原料。铝是银白色的金属。它的主要物理、化学性质是质轻，延展性、导电性好，有较高强度且耐化学腐蚀 。所以铝及其合金被广泛用于电讯器材、建筑设备、电器设备的制造以及机械、石油、化工和食品工业中。大量铝被用来生产轻质合金，用于汽车、飞机及宇航飞行器的制造。

依据上述判断，本研究以 261 个英汉语篇为样本，统计了英汉教材中指示词的使用情况，如表 6.4 所示：

**表 6.4　英汉教材中的指示词**

<table>
<tr><th colspan="2"></th><th>语言</th><th>个案数</th><th>平均值</th><th colspan="2">标准差</th><th colspan="2">标准误差平均值</th></tr>
<tr><td colspan="2" rowspan="2">指示词</td><td>英语</td><td>132</td><td>22.6202</td><td colspan="2">5.6516</td><td colspan="2">0.4976</td></tr>
<tr><td>汉语</td><td>129</td><td>22.0000</td><td colspan="2">6.2063</td><td colspan="2">0.5402</td></tr>
<tr><td colspan="2" rowspan="3"></td><td colspan="7">平均值等同性 t 检验</td></tr>
<tr><td rowspan="2">t</td><td rowspan="2">自由度</td><td rowspan="2">显著性（双尾）</td><td rowspan="2">平均值差值</td><td rowspan="2">标准误差差值</td><td colspan="2">差值 95% 置信区间</td></tr>
<tr><td>下限</td><td>上限</td></tr>
<tr><td>指示词</td><td>假定等方差</td><td>0.843</td><td>259</td><td>0.400</td><td>0.6201</td><td>0.7352</td><td>0.843</td><td>259</td></tr>
</table>

依据表 6.4 中的数据，英汉教材在指称词的使用上势均力敌，没有明显的多寡之分。而且，英汉语篇内部也没有明显的语篇方面的差异。所有语篇的指示词表现较为均衡，没有数量上的显著性区分。从这些分析结果来看，英汉教材在核心类型的指示成分上没有明显的差别，整体特征高度趋同。在本节分析的四类要素中，指示成分的跨语言表现最稳定。以此推断，汉语理科教材受到的批评，不应该源自指称成分的使用。

### 6.3.4 词语链条

通过对 132 个英语语篇和 129 个汉语语篇的标注，我们发现英汉教材在词语链条建构上表现出明显的差异。这种差异在内容和数量上都有反映。从内容上看，汉语语篇的词语链条关联度较小，链条之间更多是并行的关系。例如下面这个段落：

> 磁体与电偶极子类似，也有两极，称为磁北极（N 极）和磁南极（S 极）。一般情况下，磁力是指磁体与电流之间的相互作用力。我国古籍《吕氏春秋》（成书于公元前 3 世纪战国时期）所载的“慈石召铁”，慈石指的是天然磁体，统称磁石，它对铁块的吸引力，就是磁力的一种表现形式。这种磁力很容易通过条形磁体或马蹄形磁体演示来观察。图 15-8 演示两根条形磁体的同极相斥，异极相吸的现象。磁力还有其他多种表现形式，下面通过 4 个实验演示磁力。在图 15-9 中，把导线悬挂在马蹄形磁体的两极之间，当导线中通入电流时，导线会被排开或吸入，这显示导线受到磁体的作用力。

这个段落建构了四个词语链条，即“两极”“磁力”“磁体”和“电流”，其中最核心的是“磁力”，整个段落的意图就在于说明何谓“磁力”。其他两个词语链条都是辅助性质的，“磁铁”能够辅助说明“磁力”来源，而“两极”和“磁力”基本没有语义关联。文中出现《吕氏春秋》，主要是为了说明磁石的历史，和其他内容的联系非常松散。至于“电流”，作为定义中的重要内容，全段仅出现了两次，勉强构成词语链条，和其他链条的关系更为松散。以这样四个词语链条来建构语篇，很难突出重点，也不利于形成清晰的主题。英语语篇在这方面的表现明显更好，例如下面这个段落：

> The first known magnets were *lodestones,* which are stones that have been *magnetized* naturally. When the ancient Greeks and ancient Chinese discovered these rare stones, they were amused by the stones' ability to attract metal over a short distance, as if by magic. Only much later did they learn to use lodestones in compasses to determine direction. In fact, the inexpensive magnet you might use to hold a note on the refrigerator door is a direct result of the quantum physics taking place in the atomic and subatomic material within the magnet. Earth is a huge magnet; for points near Earth's surface, its magnetic field can be approximated as the field of a huge bar magnet that straddles the center of the planet. Figure 32-8 is an idealized symmetric depiction of the dipole field, without the distortion caused by passing charged particles from the Sun.

这个段落中也有四个词语链条，即 magnet、ancient、lodestone 和 earth，但其中的语义联系非常紧密，后边的三个链条都是围绕 magnet 展开的，分别说明它的历史、早期形态和现实例证（地球）。整个段落的脉络非常清晰，虽然也提到历史知识，但目的非常明确，并没有离开 magnet 这个主题。读者面对这样的语篇，注意力更容易集中，也更容易对核心概念形成深入和多角度的理解。在本书收集的英语教材语篇中，词语链条在内容上更加紧凑，语篇线索更加清晰。这一特征使得英语语篇的结构明显优于汉语语篇。除了内容差异，英汉语篇中的词语链条在数量上也有较大不同。英语教材中词语链条的数量整体上高于汉语教材，如表 6.5 所示：

**表 6.5　英汉教材中的词语链条**

<table>
<tr><th colspan="2"></th><th>语言</th><th>个案数</th><th colspan="2">平均值</th><th>标准差</th><th colspan="2">标准误差平均值</th></tr>
<tr><td colspan="2" rowspan="2">新信息</td><td>英语</td><td>132</td><td colspan="2">4.8864</td><td>1.3905</td><td colspan="2">0.1210</td></tr>
<tr><td>汉语</td><td>129</td><td colspan="2">3.6279</td><td>1.1663</td><td colspan="2">0.1026</td></tr>
<tr><td colspan="2" rowspan="3"></td><td colspan="7">平均值等同性 t 检验</td></tr>
<tr><td rowspan="2">t</td><td rowspan="2">自由度</td><td rowspan="2">显著性（双尾）</td><td rowspan="2">平均值差值</td><td rowspan="2">标准误差差值</td><td colspan="2">差值 95% 置信区间</td></tr>
<tr><td>下限</td><td>上限</td></tr>
<tr><td>新信息</td><td>假定等方差</td><td>-7.913</td><td>259</td><td>0.003</td><td>-1.258</td><td>0.1590</td><td>-1.5716</td><td>-0.9452</td></tr>
</table>

英汉教材在词语链条上表现出的差异，很可能是英汉语篇建构的根本区别，也是造成读者阅读感受不同的重要原因。读者面对线索更少、表达要点更加分散的语篇，很容易有阅读上的断裂感，而数量丰富、内容紧凑的语篇对读者的帮助显然更大。

### 6.3.5　语篇建构类要素总结

通过对语篇建构类要素的分析，英汉教材在结构上的异同得到了呈现。仅就结构而言，汉语教材并不像想象中那样问题百出。英汉教材在信息结构上没有显著差异，汉语教材甚至略胜一筹，充分规划了新信息的出现方式，降低了阅读难度。虽然在信息结构上与学术写作有一定距离，不如英语教材那样贴近未来写作需求，但这并不是教材的突出问题。在衔接成分的使用上，英汉教材也没有本质性区别。尽管汉语教材存在较大冗余量，与汉语正常表达有明显背离，但并未增加阅读难度。事实上，汉语教材在阐释和加强语义方面表现更加突出，某种程度上有利于学生阅读。英汉教材在指称成分上的表现最为一致，数量和类型都接近，与汉语教材难以理解的问题无关。汉语教材最突出的问题在于词语链条的建构。总体数量偏少，内容更加分散，既不利于建构稳定的语篇结构，也阻碍了读者的深入理解。更有甚者，汉语教材中不断出现无关词语链，与语篇主题没有直接联系，极易分散读者的注意力。这很可能是读者批评意见的根源所在。

## 6.4 语境指向类要素分析

在本书对比的所有语篇类型中，教材的预设语境是最明确的。本章的讨论聚焦于理科教材，其语境三要素更容易描述。这类语篇的语场涵盖理科知识体系，并集中在大学阶段，主题非常明确。其语式为标准书面语，正规程度较高，与口语有显著区分。至于语旨，教材编写者与读者之间存在明显的不平等关系，编写者拥有绝对的话语权。本节研究的目的在于，通过对语境指向类要素的分析，探讨英汉教材和预设语境之间是否契合。

明确的预设语境使得语境指向选择更加清晰，因此无须对第三章研究框架中的每类要素进行分析。理科教材的词语选择高度受限，明确的主题限定了词语选择的范围，使得英汉教材在这方面的灵活性都非常有限。词类转换情况也类似，理科教材中的语法隐喻使用有明显的规律性，很难进行灵活调整。杨延宁（2015）的研究对此进行了探讨，有兴趣的读者可以参考。至于词义归属，理科教材强调概念明确、界定清晰，因此词义的灵活度也非常有限。综合考虑这些特征，本节内容只需要讨论三类要素，即句式类型、互文特征和评价手段，以此明确英汉教材语篇在语境指向方面的差异。

### 6.4.1 句式类型

理科教材中的句式类型高度集中。依据系统功能语言学理论，句式在语义上划分为六个类型，即物质、关系、心理、言语、行为和存在。理科教材中最为常见的是前两类，这是由理科教材的预设语境决定的。无论是物理还是化学科目，最核心的内容就是概念的讲解和事实的陈述，这两个主题最常对应的正是关系和物质过程。因此，理科教材中的句式类型应该以这两类句式为重点。从对比的情况来看，汉语教材的表现高度符合预期，充分体现了语场的限制。在本研究选取的 129 个汉语语篇中，关系过程是绝对主体，物质过程也占有相当比例。例如，在下面这个段落中，关系过程是语篇的主干：

> 固体和流体统称为连续体或连续介质。\\（1）当我们研究它的力学性质时，\\（2）通常把它分成无数个所谓物理无限小的体积元：\\（3）即它们在宏观上足够小，\\（4）而在微观上又足够大，\\（5）其中仍包含大量分子。\\（6）这样可以不失原有的物理性质。\\（7）这些体积元具有质量 dm，\\（8）称为质量元，\\（9）简称质元，\\（10）每个质元可看作为一个质点，\\（11）所以连续体可看成是由无数个质元连续组成的质点系。\\（12）这种处理方法在物理上经常使用，\\（13）如把一个带电体看作是由无数个电荷元组成。\\（14）

在全部 14 个小句中，关系过程达到了 11 个，包括 1、4、5、6、7、8、9、10、11、12 和 14，对“质点”概念进行了充分的讲解。物质过程有三个，即 2、3 和 13，主要说明研究过程，是对概念讲解的辅助。这种写法中规中矩，和预期语境契合度很高。相比之下，英语语篇展现了更加灵活的特征。虽然关系过程依然占据主导地位，物质过程次之，但是很多语篇中出现了心理过程。例如下面这个段落，同样是讲解“质点”概念，但做法和汉语语篇有所不同：

An ordinary object, such as a baseball bat, contains so many particles (atoms)\\(1) that we can best treat it as a continuous distribution of matter.\\(2) The "particles" then become differential mass elements *dm*,\\(3) the sums of Eq. 9-5 become integrals,\\(4) and the coordinates of the center of mass are defined as ...\\(5) where *M* is now the mass of the object.\\(6) The integrals effectively allow us\\(7) to use Eq. 9-5 for a huge number of particles,\\(8) an effort that otherwise would take many years.\\(9) Evaluating these integrals\\(10) for most common objects (such as a television set or a moose) would be difficult,\\(11) so here we consider only *uniform* objects.\\(12) Such objects have uniform *density*, or mass per unit volume;\\(13) that is, the density is the same for any given element of an object as for the whole object.\\(14)

该段落同样有 14 个小句，其中关系小句 10 个，即 1、2、3、4、5、6、9、11、13 和 14。此外，语篇中还包括每组各两个的物质和心理小句。不但两个心理小句完全从读者感受出发，描写概念特征，连两个物质小句也以读者为指向。小句 7 中的 allow us 把编写者和读者放在相同位置，很好地拉近了两者的距离。就这一点而言，英语语篇对预设语境有所背离，不完全符合教材的语旨特征。习惯上，教材编写者和读者之间存在不平等关系，读者通常视编写者为师。然而，上述语篇中物质和心理过程的使用旨在拉近两者的关系，这与汉语语篇有显著的不同。通过统计分析，可以清晰展示英汉教材中关系过程和心理过程的使用倾向（见表 6.6）：

**表 6.6　英汉教材中的关系和心理过程**

| | 语言 | 个案数 | 平均值 | 标准差 | 标准误差平均值 |
|---|---|---|---|---|---|
| 关系过程 | 英语 | 132 | 27.4097 | 2.9081 | 0.1109 |
| | 汉语 | 129 | 25.7190 | 2.3934 | 0.1436 |
| 心理过程 | 英语 | 132 | 9.3452 | 2.4567 | 0.4940 |
| | 汉语 | 129 | 2.4521 | 2.0453 | 0.4781 |

表 6.6 说明，英汉教材在关系过程的使用程度上趋同，看不出明显差别。而且关系过程在数量上占绝对优势，是教材语篇的主要句式选择。在心理过程上，汉语教材和英语教材表现出了明显的差异，前者的使用量不到后者的三分之一。心理过程的使用已经成为英语教材的明显特征，突破了预设语境的限制。这一特征展现了英语教材愿意更加平等地对待读者的态度，期待读者更好地理解语篇讲解的重点概念。在本书收集的最新英语教材中，借助心理过程引导读者几乎成为标配，正迅速成为此类教材的明显特征。这种循循善诱的做法能够拉近编写者与读者的距离，值得汉语教材编写者借鉴。由此我们也可以推知，对句式类型的选择过于集中，可能是汉语教材被读者批评的重要原因。

### 6.4.2　互文特征

互文特征有三种表现形式，即直接引用、间接引用和语体嵌入。理科教材受到预设语境限制，不可能使用语体嵌入的方式引入外部信息。就直接引用和间接引用而言，后者在理科教材中更受青睐。教材不同于学术论文，不可能提供大量的参考文献，而且要顾及行文的流畅性，文内引用也受到一定程度的限制。因此，间接引用几乎成为教材中互文特征的基本形式。但是，即便在如此受限的情况下，英汉理科教材还是表现出了明显的差异。在本书收集的英语教材语篇中，间接引用的频率非常高，重要概念的导入总是以大量辅助信息为基础。例如，下面这个段落在引入“万有引力”概念前，以牛顿的重要贡献为铺设，其方式正是间接引用：

In the past people obviously knew that they were being pulled downward, but they figured that the downward force was unique to Earth and unrelated to the apparent movement of astronomical bodies across the sky. But in 1665, the 23-year-old Isaac Newton recognized that this force is responsible for holding the Moon in its orbit. Indeed he showed that every body in the universe attracts every other body. This tendency of bodies to move toward one another is called **gravitation**, and the “stuff” that is involved is the mass of each body. If the myth were true that a falling apple inspired Newton to his **law of gravitation**, then the attraction is between the mass of the apple and the mass of Earth.

这个段落在提及牛顿的贡献时，给出了具体的年份，而且带入了牛顿的观点，即 every body in the universe attracts every other body。这种表述不符合学术写作规范，但在教材中起到了适度且有效地引用牛顿最初表述的作用。段落最后以轻松的方式提及苹果掉落的故事，以互文方式回应传说。这种写法无疑增加了写作量，但有助于读者提高对概念的感知度，也能够串联起关于重力的各种有趣传闻和信息。汉语语篇中同样有关于对重力的讲解，如下面这个段落：

万有引力是存在于任何两个物体之间的吸引力。它的规律是胡克、牛顿等发现的。按牛顿万有引力定律，质量分别为 m 和 n 的两个质点，相距为 r 时，它们之间的引力为式中 G 叫做引力常量。在国际单位制中，它的大小为……。式（1-41）中的质量反映了物体的引力性质，叫做引力质量，它和反映物体惯性的惯性质量在意义上是不同的。

这个段落的写法完全符合预设语境的要求，规范清晰，条理分明。但是这种写法的互文特征被弱化，牛顿只是被提及，其观点也未有复述。读者获得的相关信息更少，也无从了解牛顿在23岁就已经有重要发现，更无法梳理万有引力概念的发展过程。相比之下，英语语篇对互文特征的把握明显更加充分，也更符合读者的学习预期。统计结果表明，这种差异在英汉理科教材中普遍存在，成为区分两者的重要特征（见表6.7）：

**表6.7　英汉教材中的互文特征**

| | 语言 | 个案数 | 平均值 | 标准差 | 标准误差平均值 |
|---|---|---|---|---|---|
| 间接引用 | 英语 | 132 | 9.3524 | 0.1002 | 0.1209 |
| | 汉语 | 129 | 4.0651 | 0.3759 | 0.1980 |
| 直接引用 | 英语 | 132 | 0.7399 | 0.0309 | 0.0135 |
| | 汉语 | 129 | 0.3890 | 0.0411 | 0.0123 |

表6.7呈现了英汉教材在互文特征上的整体差异。汉语教材中的间接引用数量不到英语教材的一半，而且使用不均衡。英语教材的间接引用数量更大，而且使用更加均衡。对于相同主题，更多的间接引用会增加文本篇幅，很可能导致英语教材厚度增加。此举固然会增加阅读量，但也会降低阅读难度，有利于读者更好地理解具体概念。这一现象也从侧面说明，当下学生为何对体量更大的英语教材并不反感，反而认为轻薄的汉语教材更加难懂。表6.7也表明，直接引用在英汉理科教材中都不是主流，这也印证了之前的推断。

### 6.4.3 评价手段

评价手段主要出现在人际语义的建构中，在理科教材中并不常见。而且，理科教材对客观陈述有较高的要求，教材编写者对于评价科学事实并无太大兴趣。但是在本研究收集的英汉教材中，评价手段的使用超出了预设语境的限制，其中英语教材表现得更为突出。在最新的英语理科教材中，积极评价科学事实，呈现编写者态度，已经比较常见。例如，在下面这个段落中，就有多处评价手段的运用：

> It is not easy to get used to representing angular quantities as vectors. We instinctively expect that something should be moving along the direction of a vector. That is not the case here. Instead, something (the rigid body) is rotating around the direction of the vector. In the world of pure rotation, a vector defines an axis of rotation, not a direction in which something moves. ... Angular displacements (unless they are very small) cannot be treated as vectors. We can certainly give them both magnitude and direction, as we did for the angular velocity vector in Fig. 10-6.

在七处评价手段中，五处属于判断类型，即 easy、rigid、pure、certainly、small。我们知道，在评价手段的三大系统中，态度居于最核心的位置。而态度的表达涉及情感、判断和鉴赏三个维度。由于理科教材的独特属性，情感和鉴赏不会是态度表达的主体。这也解释了为何上述段落中判断类型多达五处。但也要注意到，段落中的 instinctively 是明显的情感类型，特色鲜明。事实上，在最新的英语理科课本中，情感类型的评价手段日趋丰富，表明编写者开始为客观事实注入个人感情。段落中另一处评级手段 very 服务于级差表达，辅助态度表达。单独分析英语语篇，尚不足以呈现其评价手段的多寡。对照下面的汉语段落，英语语篇的表现更加突出：

质点的角动量是对一点而言的。在刚体的定轴转动中，其角动量却是对固定转轴而言的。这里有个普遍情况和特殊情况的关系问题。为便于说明问题，我们考虑以角速度 ω 绕定轴 Oz 转动的一根均匀细棒，如图 3-14 所示。现在把细棒分成许多质元，其中第 t 个质元的质量为 11m。当细棒以 ω 转动时，该质元绕轴作半径为 r 的圆周运动。它相对于 0 点的位矢为 R，则它对 0 点的角动量由定义式为……

上面的汉语段落仅使用了两处评价手段，与英语段落中的七处形成了鲜明的对比。而且，两处评价手段都是标准的判断类型，完全不涉及情感类型。总体上看，汉语教材对于评价手段的运用非常谨慎，体量只有英语教材的四分之一左右（见表 6.8）。

**表 6.8　英汉教材中的评价手段**

| | 语言 | 个案数 | 平均值 | 标准差 | 标准误差平均值 |
|---|---|---|---|---|---|
| 判断类型 | 英语 | 132 | 11.4701 | 1.3890 | 0.5678 |
| | 汉语 | 129 | 2.9075 | 0.4456 | 0.2078 |
| 情感类型 | 英语 | 132 | 2.4430 | 0.1036 | 0.0351 |
| | 汉语 | 129 | 0.7092 | 0.0304 | 0.0098 |

从表 6.8 的数据来看，英语教材中评价手段的使用量已经相当可观，而汉语教材还是处在相对保守的状态。英语教材中情感类型评价手段的运用也已经形成规模，而汉语教材非常稀少。以理科教材的预设语境来衡量，英语教材对语境的背离度似乎更大，汉语教材更符合语境的要求。但在实际阅读中，更多的评价手段确实可以引发读者共鸣，降低科学概念的理解难度。参考第四章的内容，英语教材在评价手段上表现出越来越强的

科普倾向。考虑到交流双方的地位较为平等时，评价手段的使用会更加频繁和灵活。英语教材在评价手段上的表现说明，编写者已经在努力拉近自己与读者的距离。

### 6.4.4 语境指向类要素总结

通过上述分析，可见英汉教材在语境指向类要素上表现出整体差异。首先，双方的句式选择侧重点有所不同，汉语教材集中于关系过程，英语教材在关系过程之外使用了更多的心理过程。心理过程日趋增加已经成为英语教材的特点，使得读者和编写者的距离更近，提高了教材的接受度。其次，英语教材的互文特征更加突出，间接引用的使用频率更高，也更加均衡。这一特点方便读者获得更多的额外信息，增加了阅读量，但也降低了阅读难度。最后，英语教材中的评价手段也占据优势，有助于编写者多角度地解读科学事实，甚至为概念解读加入了感情色彩。从总体上看，这些特点都有利于编写者和编写者之间的沟通，大大提升了英语教材的亲和度。

但是这些特征也导致英语教材对预设语境的背离度更高。汉语教材整体表现中规中矩，并没有明显背离预设语境的限制。但是，随着读者阅读期待的改变，教材如何吸引读者，如何以更具亲和力的方式传播知识，已经是汉语教材编写者必须面对的课题。不可否认的是，提高教材的亲和度，更吸引读者的注意力，对改善知识传播有明显效果。理科知识的学习比较枯燥，英语教材的上述特征实际上降低了学习难度。这种对预设语境的背离是有其独特价值的，也正在塑造新的语境。

## 6.5 小结

本章带着探索的态度，对比分析了英汉教材在语篇结构和语境指向上的特点。从现有分析结果来看，我们可以回答某些问题，例如为什么我国高校理科学生不断批评自己的教材。就语篇结构而言，词语链条偏少是主要的问题。汉语教材中的词语链条大多服务于主要概念的解读，辅助性信息偏少。而且不同语篇之间的词语链条分布不均匀，导致阅读线索不易延续。就语境指向而言，汉语教材高度忠实于预设语境，未能依据读者需求的改变而调整语篇写作方式。在句式选择、互文特征和评价手段上，也未能更好地照顾读者感受，拉近与读者的距离。在这一点上，汉语教材的编写者非常有必要向英语教材的编写者学习。经过长时间的积累和探索，英语教材的编写风格开始变得更加灵活，更注重读者感受，也更乐于降低阅读难度。这种做法在某种程度上正在快速重塑理科教材的预设语境。重视英语教材风格变化带来的益处，适度进行编写方式的调整，有利于积极改善汉语教材的阅读体验，赢得更多读者的肯定。

# 第七章 研究结论及未来方向

## 7.1 研究结论

在本书的写作过程中，笔者深切体会到了语篇对比研究的难度之大。在当代语言学研究中，语篇是少数几个没有明确定义的研究对象之一。这不仅与语篇的复杂性、包容性和灵活性有关，更源于语言学界对语篇的研究起步较晚，某些方面甚至落后于文学界和社会学界对语篇的研究。众所周知，语篇是当代人文社会科学研究的重要对象。语篇研究不仅能够帮助我们理解人与社会的关系，阐释人与人之间的互动逻辑，还能展示语言如何塑造社会、政治和文化的各个方面。正因为语篇具有丰富的人文社会科学内涵，其概念变得非常宽泛，甚至模棱两可。语篇研究不同于已经非常成熟的词法和句法研究，在研究范围上缺乏有力的约束。在语言学领域内开展语篇研究，首先需要明确其边界，避免受到其他学科过多的干扰。

在语篇研究中加入对比分析，研究难度显著提升。无论是对比的目标，还是对比的手段，都显得模糊不清。在语篇研究中，外在结构分析历来占有重要位置，产生了大量优秀研究成果。然而，在语篇对比研究中，外在结构分析不应成为重点。一方面，许多汉语语篇类型源自英语，因而同类型英汉语篇的结构高度相似。另一方面，语篇的外在结构是显性特征，几乎一目了然。语篇的真正差异并非由其外在结构决定，而是由其内部属性决定的，这些属性更需要深入挖掘。即便外在结构完全相同的语篇，其内部结构要素的使用也可能不尽相同。同理，拥有不同外在结构的语篇可能拥有相似的内部结构要素。因此，本书没有将语篇外在结构作为对比研究的重点，这是本书区别于其他语篇研究的重要特征。本书更关注语篇结构如何形成及为何形成，尝试在描述语篇结构的同时，解释语篇结构出现的内在逻辑。

因此，在本书开展实践性的语篇对比之前，必须首先界定语篇研究的范围，并提出可操作性的语篇研究框架。只有这样，才能在理论基础和研究路径上确保语篇对比研究的顺利进行。因此，本书花费相当篇幅，在梳理前人研究的基础上提出了全新的研究思路和操作框架。在努力完成这些任务的过程中，本书实现了语篇研究理论的创新。为界定语篇研究范围，首先要充分认识到语篇的双重属性。语篇是最基本的语义单位，所有语义信息都汇聚于语篇，其内部属性足以成为独立的研究对象；同时，语篇也是揭示语言外部环境的重要工具，通过语篇研究，可以观察复杂语境如何在语言的系统选择上得到体现。

由于语篇的双重属性，语篇研究需要兼顾内部要素和外部条件，同时建立起两者之间的桥梁，阐明两者的互动关系。本书提出语篇内部要素共有 11 类，即语音特征、信息结构、指称成分、衔接成分、词语链条、词语选择、词义归属、词类转换、句式类型、互文特征和评价手段。其中前五类实现语篇结构的建构，后六类体现语境对语篇的影响。这些要素在已有语篇研究中多有涉及，在系统功能语言学研究路径中更是有较多探讨。但是前人研究对各类要素的分析始终是分散的，而且止步于要素本身，未能深入探究各类要素的语篇表现受何种力量制约。事实上，所有语篇要素的分布和使用特征都有其内在逻辑，它们在具体语篇中的表现都是由外部条件决定的。

本书认为，外部条件主要涉及语篇撰写之初的表意需求和语篇得以存在的预设语境。语言形式始终服务于意义，在所有语言单位中均是如此。

语篇作为最重要的语义单位，其形式和意义的统一比其他单位表现得更加彻底和明显。前五类要素的分布特征决定了语篇的内在结构。但这些结构手段始终服务于表意需求，形式变化的背后是表意需求的调整。本书的研究表明，语篇和语境的关系更为复杂。语篇依托预设语境，受到语场、语式和语旨的限制，理论上不应该出现背离语境的情况。但是第四至六章的内容表明，语篇对语境的依赖度是灵活可变的。上述 11 类要素中的后六类能够呈现语篇的预设语境，同时也能有效呈现语篇对语境依赖程度的调整。

基于上述理论思考，本书建立了完整的语篇研究框架，开展了三类英汉语篇的对比分析。从整体上看，无论何种类型的英汉语篇，基本都满足其表意需求，并且受到语境的有效制约。但是在更微观的层面，英汉同类型语篇还是展现出了显著的差异。具体表现为，英汉语篇对相同表意需求的实现度不同，对相同语境的依赖度也不同。

就科技博客而言，其核心表意需求在于更广泛地向普通人传播科学知识。英语语篇的结构更加合理，有效地实现了这一表意需求。信息结构的调整降低了英语语篇的阅读难度，指称成分和衔接成分的运用增强了语篇的整体性，丰富的词语链为英语语篇提供了多线索支撑。总体而言，英语语篇更适合普通人阅读，更有利于知识的传播。相比之下，汉语语篇在这方面的表现相对较差，其整体结构接近于传统学术论文。表面上看，汉语语篇的外在结构与英语语篇类似，甚至模仿了英语科技博客的写法。但是，其内部语篇建构类要素的运用并不合理。新信息的前置使读者一开始就面对艰深的科学知识，衔接成分较少削弱了语篇的整体性。词语链条集中于同义和反义关系，灵活性略显不足，这也影响了汉语语篇的趣味性。总体来看，英语语篇在结构上更好地满足了科技博客的表意需求，而汉语语篇的表现则不尽如人意。

汉语语篇结构略有欠缺，这在很大程度上削弱了汉语科技博客的传播效果。尽管作者们意识到了需要调整语篇结构，许多汉语科技博客在外形上几乎照搬了英语样本，但形似而神不似，对语篇内部要素的把握存在问题。这再次提醒我们，对语篇结构的分析不能止步于外在表现，需要在更深层次、以多角度分析语篇建构类要素的特点。要改变目前的状况，汉语科技博客需要做出深层次的调整，简单模仿外在结构并不能解决问题。在科技写作领域，汉语语篇虽然学习了很多英语语篇的结构，但表意效果并未达到英语的水平。这种模仿停留在表层，没有从汉语的语言类型学特征出发，发展出属于汉语的有效语篇建构模式。从本书对科技博客的分析来看，这个问题已经表现得非常突出。

除了结构问题，汉语科技博客对语境的依赖度也不及英语科技博客。科技博客有其特定的预设语境，在语场、语式和语旨三个维度上都有明确的限定。然而，无论是词语选择还是小句层面的要素选择，汉语语篇都在某种程度上偏离了自身的语境。尽管六类语境要素的表现各有不同，但整体上都呈现出一致的偏离趋势。这种偏离的原因值得深入思考，其中关键在于汉语科技博客的独立性不足，作者们常常按照学术论文的思路撰写科技博客。相比之下，英语科技博客的作者已经彻底改变了写作心态，不再受学术论文的束缚。这当然和汉语科技博客出现较晚有关，但也不得不承认，作者群体的写作准备是不够充分的。在全民科普的大背景下，科普类语篇的重要性不断增加。如何使此类语篇更贴合语境，更适合知识传播，都是值得进一步探讨的问题。

英汉高校官网语篇分析则呈现出另外一番景象。此类语篇拥有复合型表意需求，不像科技博客有单一的写作目的。在这种情况下，语篇要素的表现受两种力量的牵扯。一种是新闻语篇保证信息传播和吸引读者的需求，另一种是科技语篇长期形成的写作模式。高校官网语篇的多类要素需要努力实现两种模式之间的平衡。但是，这种平衡的努力在英汉语篇中有不同的实现效果。就语篇建构类要素而言，英语语篇各方面的表现都优于汉语语篇，其语音特征与信息结构的契合度更高，词语链更丰富，衔接和指称成分的运用也更合理。但是，各要素之间也表现出不一致性。例如，英语语篇的信息结构类似于新闻语篇，而衔接成分的使用和科技语篇更接近。词语链既有科技成分，也有新闻内容。这种语篇结构上的混合性正是双重表意需求的体现。汉语语篇在结构上整体趋向于科技语篇，新闻属性不足，未能满足语篇的复合型表意需求。

就语境指向类要素而言，汉语语篇的表现同样不能令人满意。我国研究型大学官网刊登了大量背离预设语境的语篇，未能很好地完成吸引读者的任务。主要问题在于，各类语境指向要素未能形成合力，有效降低阅读门槛，增加语篇的趣味性。汉语高校官网语篇整体上偏离了预设语境。英语官网对多类要素的控制值得汉语官网借鉴，例如以比喻和隐喻的方式解读专业术语，加入口语形式的互文表述，限制关系类小句的使用范围。这些方式分别在新闻端和学术端发力，共同实现了语式和语旨维度的调整，保证了语篇和语境的契合度。将来大学官网在建设过程中，文本撰写团队可以借鉴这些做法，以改善语篇阅读感受。

教材语篇研究的目的不同于前两类语篇。第六章致力于回答一个问题，即为何我国高校理科教材受到学生的诸多批评。具体分析依旧在语篇建构和语境指向这两类要素内展开。分析结果表明，汉语教材在结构上并未出现大的问题，只是词语链条的数量偏少，丰富度不够，不利于读者获得更多的阅读线索。至于和预设语境的契合度，汉语教材的表现中规中矩，在语场、语式和语旨上均有令人满意的表现。如果单独以汉语教材为研究对象，读者不应对其有如此多的批评。问题在于比较。学生们在对比了英汉同类教材后，加剧了对汉语教材的批评。作为参照物，英语教材结构上更加合理，铺设了丰富的词语链条，引导学生更好地理解抽象概念和科学事实。更重要的是，英语教材大胆背离了预设语境，在多种语境指向类要素上表现出更大的灵活性。可以说，英语教材的编写者已经调整了理科教材的编写风格，以更加积极的态度传递科学知识。在某些方面，英语理科教材已经展现出类似科普语篇的风格。在这种更加平易近人的参照物面前，汉语教材很容易被学生贴上艰涩难懂的标签。

从语言学的角度来看，语篇绝非随意产生。任何类型的语篇都是在自身表意需求和预设语境中生发出来的，有很强的规律性和可预测性。语篇研究不应该仅停留在现象描述阶段，甚至升级版的现象解读也是不够的。语篇研究应该具备一定的预测能力，可以预判甚至规划语篇的结构和写作特征。其中关键在于，明确语篇的表意需求和预设语境。任何语篇都是在这两种力量的共同支配下呈现出最后形态。其中表意需求的力量更大，在很多时候可以压制语境，使语篇表现出超越语境限制的特征。在本书讨论的三类语篇中，都能够看到超语境表现，而且这种表现在英汉语篇中并不均衡。

在科技博客中，汉语语篇的超语境现象表现得非常明显，很多情况下都已经完全脱离了科普语境的限制。究其原因，汉语科技博客并不是纯粹的科普语篇，很多作者抱着发表学术论文的心态写作。其中的表意需求并不单纯，远远超出了科普的范围。这种表意需求明显压制了语境，使语篇整体上表现出不同于英语科技语篇的特点。英语高校教材同样进行了超语境的尝试，并且展现出一定的科普属性。这种变化同样源自此类教材表意需求的调整。如果超语境的现象频繁发生，原有语境限制会变得毫无意义，特定类型语篇长期积累的影响力也会土崩瓦解。这些问题引发我们思考，语篇和语境、结构和意义之间到底有何种复杂关系。

最后需要说明的是，语篇的跨语言差异是在语言内外两种力量的平衡过程中产生的。内部力量涉及语音、词汇、句法、语义等多种要素，但归根结底还是语言的类型学特征。或者说，每种语言与生俱来的特点汇聚成了语言的内部力量。就英汉两种语言而言，它们在语音、词汇、句法和语义方面均有明显的差异。这些差异会在语篇层面得到充分的体现。各种语篇建构类要素的表现方式和使用程度会受到内部力量的制约。例如，英语比汉语拥有更强大的连词体系，在语篇连接要素的使用程度上一定会高于汉语。外部力量主要是指语言所处的独特社会文化环境。它们同样和语言紧密绑定，不断在语篇中闪现。具体的社会和文化条件能够深刻影响语篇的形式和内容。本书对三类语篇进行了英汉对比分析，充分证明了英汉语篇的共性与差异恰恰是在内外部力量的共同作用下形成的。

## 7.2 未来研究设计

在本书的写作过程中，笔者一直倾尽全力，希望突破既有的、固化的语篇研究思路。语篇是最复杂、最具整合性的语言单位，公式化的语篇分析方法不能满足日新月异的语篇研究需求。因此，本书建立了一个新的研究框架，提出 11 类要素，分为语篇建构和语境指向两个大类。第四至六章分别以不同类型的语篇为分析对象，验证了该研究框架的可行性。尽管各章的结构类似，但思路并不相同。第六章的理科教材语篇分析针对性地分析了部分要素，并没有展开全面分析。未来的英汉语篇对比研究完全可以在这一框架内进行，但需要特别注意两点：

首先，并不需要分析每一类要素，可以依据语篇类型灵活选择。本书第四章没有将语音特征纳入讨论范围，正是考虑到在正式程度较高的语篇中，语音特征的影响力有限。同样，第五章对评价手段的分析也并不是必需的，因为高校官网刻意避免对自身科研表现进行评价。在未来的研究中，可以根据语篇类型的特点，选择若干种语篇要素，开展针对性更强的分析。例如，对于短小精悍的基础阶段教材语篇，词语链条不一定需要作为分析对象。

其次，语篇建构类要素和语境指向类要素完全可以单独使用，分别揭示语篇的内外部属性。语篇建构类要素独立使用的情况非常多，并有大量成功的范例。如果研究的目的仅仅在于呈现语篇结构特征，此类要素的分析完全可以满足需求。语境指向类要素是本书的创新，建立了语境和语篇之间的桥梁。如果仅仅需要借助语篇分析来解读语境，或者以预设语境为依据判断语篇的合理性，就可以仅分析语境指向类要素。

基于上述两点，本书提出的语篇研究框架可以得到灵活运用，并不限于英汉对比。以下是几种可能的应用思路：

1）开展跨类别的语篇对比研究，解释语篇类型形成的根本原因。本书的语篇对比限定在同类型语篇内部，仅从语言差异入手，呈现语篇的区别。运用本书的语篇研究框架，可以进行相同语言不同类型语篇的对比。例如，可以考察在相同事件和共同主题下，文学语篇和新闻语篇之间为何会形成巨大的差异。进一步探究，可以探索所谓的文学性和新闻性到底从何而来，是依靠哪些语篇要素体现的。这一思路可以运用于任何跨类别的语篇对比，揭示语境和表意需求对语篇类型的塑造作用。

2）对比不同时期同类型的语篇，明确其演变路径。例如，新闻语篇经历了多次历史更迭，逐渐演化为今天的样子。以历史语料为基础，运用本书的研究框架，能够有效呈现新闻语篇如何不断完善结构、调整内容，以适应不同的表意需求。历时维度的语篇研究相当匮乏，但只要方法得当，语料选择合理，完全可以开拓出全新的语篇研究领域。此外，语篇演变研究是词语和句式演变研究的有益补充，有利于形成对语言演变的整体认识。

3）开展特殊类型语篇的研究，揭示其特殊性出现的原因。例如，近期出现在各种人工智能平台上的大量人机互动语篇，其表现迥异于自然语篇，形成了自身独特的风格。借助本书的语篇研究框架，可以呈现此类语篇与自然语篇在结构和风格上的不同之处，进而说明人机互动语篇的生硬感从何而来。从语境指向的角度出发，可以探究人工智能生成的语篇是否能满足人类读者的最初期待，并提出提升人机互动语篇质量的有效方法。

4）分析完全相同的语境下，何以产生不同类型的语篇。例如，同样是在美国的选举语境下，为何特朗普和拜登的竞选演说属于完全不同的语篇类型。前者在诸多语篇要素上反复突破预设语境的限制，但又能维护美国政治语篇的底线，并且广受肯定，其中要害到底体现在哪些方面。此类研究的重点在于语境指向类要素，主要考察语篇如何突破预设语境的限制，形成自身独特风格，甚至逆向改变预设语境。除政治领域外，经济、文学、艺术和体育等功能类语篇也可能产生突破语境限制的操作，这也是此类语篇的活力所在。

5）探究多种类型的语篇如何被整合为有机的整体，整合过程中需要做出怎样的调整。例如，任何一本教材通常包含五种以上的语篇类型。在教材编写过程中，一个非常重要的任务就是将不同类型的语篇整合在一起。这包括创造共同的词语链条，提供相互呼应的评价手段等。这些都是教材编写中的重要操作方法，但长期以来缺乏理论层面的解读。跨类别语篇整合可以借助超语篇概念进行讨论，但相关分析依旧要在稳定的框架内展开。本书的全要素分析模式可以为此提供有力的支撑。

6）除语篇分析外，本书的研究框架也可以用于语篇的规划和写作。例如，在语境设定明确、表意需求清晰的前提下，可以对语篇特征进行预测和规划，甚至提供语篇范本。在各类严肃语境下，语篇的结构和内容通常没有灵活调整的空间，各类语篇要素的使用应进行严格的规定。然而，此类工作大多依赖经验和旧例。借助本书的分析框架，可以明确提出各类要素的限制性使用要求。基于同样的思路，可以提供语篇写作建议，明确语篇写作思路，将语篇写作规范化。未来的研究中，甚至可以考虑以本书框架训练人工智能助手，使其高效地生成各类规范性语篇。

当然，读者完全可以依据自己的研究需求，以更加灵活的方式运用本书的研究框架。其核心追求在于，如何找到语篇研究的新思路，如何探索语篇研究的新路径，以及如何不断丰富语篇研究的选择。

# 参考文献


Achugar, M. 2008. *What We Remember: The Construction of Memory in Military Discourse*. Amsterdam: John Benjamins.

Armstrong, E. 2005. Language disorder: A functional linguistic perspective. *Clinical Linguistics and Phonetics19* (3): 137-153.

Austin, J. 1962. *How to Do Things with Words*. Harvard: Harvard University Press.

Baker, P. & T. McEnery. 2005. A corpus-based approach to discourses of refugees and asylum seekers in UN and newspaper texts. *Journal of Language and Politics 4* (2): 197-226.

Bakhtin, M. 1986. The problem of speech genres. In C. Emerson & M. Holquist (eds.). *Speech Genres and Other Late Essays: M. M. Bakhtin* (trans. V. McGee). Austin: University of Texas Press. 60-102.

Barthes, R. 1967. *Elements of Semiology*. New York: Hill and Wang.

Barthes, R. 1977. *Image, Music, Text*. London: Fontana.

Barthes, R. 1983. *The Fashion System*. Berkeley/Los Angeles: University of California Press.

Bartlett, S. C., E. Armstrong & J. Roberts. 2005. Linguistic resources of individuals with Asperger syndrome. *Clinical Linguistics and Phonetics 19* (3): 203-213.

Bateman, J. A. 2008. *Multimodality and Genre: A Foundation for the Systematic Analysis of Multimodal Documents*. London: Continuum.

Bateman, J. A. & K.-H. Schmidt. 2012. *Multimodal Film Analysis: How Films Mean*.

London: Routledge.

Birdwhistell, R. 1973. *Kinesics in Context*. Harmondsworth: Penguin.

Bonnin, J. E. 2009. Religious and political discourse in Argentina: The case of reconciliation. *Discourse and Society 20* (3): 327-343.

Brown, G. & G. Yule. 1983. *Discourse Analysis*. Cambridge: Cambridge University Press.

Byrnes, H. 2009. Emergent L2 German writing ability in a curricular context: A longitudinal study of grammatical metaphor. *Linguistics and Education 20* (1): 50-66.

Chapman, A. 1995. Intertextuality in school mathematics: The case of functions. *Linguistics and Education 7* (3): 243-262.

Christie, F. 1999. The pedagogic device and the teaching of English. In F. Christie (ed.). *Pedagogy and the Shaping of Consciousness: Linguistic and Social Processes*. London: Continuum. 156-184.

Christie, F. 2002. *Classroom Discourse Analysis: A Functional Perspective*. London: Continuum.

Christie, F. & B. Derewianka. 2008. *School Discourse: Learning to Write Across the Years of Schooling*. London: Continuum.

Coffin, C. 2006. *Historical Discourse: The Language of Time, Cause, and Evaluation*. London: Continuum.

Coulthard, M. 1977. *An Introduction to Discourse Analysis*. London: Longman.

De Fina, A., D. Schiffrin & M. Bamberg (eds.). 2006. *Discourse and Identity*. Cambridge: Cambridge University Press.

Drew, P. & J. Heritage. 1992. Analyzing talk at work: An introduction. In P. Drew & J. Heritage (eds.). *Talk at Work*. Cambridge: Cambridge University Press. 3-65.

Drew, P. & E. Holt. 1988. Complainable matters: The use of idiomatic expressions in making complaints. *Social Problems 35*: 398-417.

Eggins, S. 1994. *An Introduction to Systemic Functional Linguistics*. New York: Continuum.

Fairclough, N. 1992. *Discourse and Social Change*. Cambridge: Polity Press.

Fairclough, N. 1995. *Critical Discourse Analysis: The Critical Study of Language*. London: Longman.

Fillmore, C. 1982. Story grammars and sentence grammars: Some considerations. *Journal of Pragmatics 6*: 451-454.

Foucault, M. 1970. *The Order of Things: An Archaeology of the Human Sciences*. London: Tavistock.

Foucault, M. 1972. *The Archaeology of Knowledge*. London: Tavistock.

Gilbert, G. N. & M. J. Mulkay. 1984. *Opening Pandora's Box: A Sociological Analysis of Scientists' Discourse*. Cambridge: Cambridge University Press.

Halliday, M. A. K. 1956. Grammatical Categories in Modern Chinese. In G. R. Kress (ed.). *Halliday: System and Function in Language*. Oxford: Oxford University Press. 36-51.

Halliday, M. A. K. 1975. *Learning How to Mean: Explorations in the Development of Language*. London: Edward Arnold.

Halliday, M. A. K. 1978. *Language as Social Semiotic: The Social Interpretation of Language and Meaning*. London: Edward Arnold.

Halliday, M. A. K. 1994. *An Introduction to Functional Grammar* (2nd edition). London: Edward Arnold.

Halliday, M. A. K. & C.M.I.M. Matthiessen. 1999. Construing experience through meaning: A language-based approach to cognition. *Computerional Linguistics 27* (1): xiii+657.

Halliday, M. A. K. & C.M.I.M. Matthiessen. 2004. *An Introduction to Functional Grammar*. Oxford: Oxford University Press.

Halliday, M. A. K. & C.M.I.M. Matthiessen. 2014. *An Introduction to Functional Grammar* (4th edition). London: Arnold.

Halliday, M. A. K. & J. R. Martin (eds.). 1993. *Writing Science: Literacy and Discursive Power*. Pittsburgh: University of Pittsburgh Press.

Halliday, M. A. K. & R. Hasan. 1976. *Cohesion in English*. London: Longman.

Harris, S. 2005. Telling stories and giving evidence: The hybridization of narrative and non-narrative modes of discourse in a sexual assault trial. In J. Thornborrow & J. Coates (eds.). *The Sociolinguistics of Narrative*. Amsterdam: John Benjamins. 215-238.

Heritage, J. & D. W. Maynard (eds.). 2006. *Communication in Medical Care: Interaction Between Primary Care Physicians and Patients*. Cambridge: Cambridge University

Press.

Holsanova, J., H. Rahm & K. Holmqvist. 2006. Entry points and reading paths on newspaper spreads: Comparing a semiotic analysis with eye-tracking measurements. *Visual Communication 5* (1): 65-93.

Hood, S. 2010. *Appraising Research: Evaluation in Academic Writing*. London: Palgrave Macmillan.

Jefferson, G. 2004. Glossary of transcript symbols with an introduction. *Conversation Analysis*: 13-31. https://doi.org/10.1075/pbns.125.02jef.

Johnson, A. 2008. "From where we're sat ...": Negotiating narrative transformation through interaction in police interviews with suspects. *Text and Talk 28* (3): 327-350.

Kress, G. & T. van Leeuwen. 2006. *Reading Images: The Grammar of Visual Design* (2nd edition). London: Routledge.

Kyratzis, A. 1999. Preschoolers' self-construction through narrative in same-sex friendship group dramatic play. *Narrative Inquiry 9* (2): 427-55.

Labov, W. 1972. *Language in the Inner City: Studies in the Black English Vernacular*. Philadelphia: University of Pennsylvania Press.

Labov, W. & J. Waletzky. 1967. Narrative analysis: Oral versions of personal experience. In J. Helms (ed.). *Essays on the Verbal and Visual Arts*. Seattle: University of Washington Press.

Lemke, J. L. 1990. *Talking Science: Language, Learning, and Values*. Norwood: Ablex.

Lemke, J. L. 1998. Multiplying meaning: Visual and verbal semiotics in scientific text. In J. R. Martin & R. Veel (eds.). *Reading Science: Critical and Functional Perspectives*. London: Routledge. 87-113.

Lerner, G. 1992. Assisted storytelling: Deploying shared knowledge as a practical matter. *Qualitative Sociology 15* (3): 247-271.

Levi-Strauss, C. 1966. *Mythologiques: Du Miel aux Cendres*. Paris: Plon.

Martin, J. R. & D. Rose. 2003. *Working with Discourse: Meaning Beyond the Clause*. London: Continuum.

Martin, J. R. & P. White. 2005. *The Language of Evaluation: Appraisal in English*. New York: Palgrave Macmillan.

Martin, J. R. 1992. *English Text: System and Structure*. Amsterdam: John Benjamins.

Martinec, R. 2000. Types of processes in action. *Semiotica 130* (3-4): 243-68.

Martinec, R. & A. Salway. 2005. A system for image–text relations in new (and old) media. *Visual Communication 4* (3): 337-372.

Maynard, D. W. 1997. The news delivery sequence: Bad news and good news in conversational interaction. *Research on Language and Social Interaction 30* (2): 93-130.

Moore, S. H. 2006. Managing rhetoric in "smart" journalism: Generic and semantic contours. *Text and Talk 26* (3): 351-381.

Mortensen, L. 2005. Written discourse and acquired brain impairment: Evaluation of structural and semantic features of personal letters from a systemic functional linguistic perspective. *Clinical Linguistics and Phonetics 19* (3): 227-247.

O'Halloran, K. L. 2003. Intersemiosis in mathematics and science: Grammatical metaphor and semiotic metaphor. In A.-M. Simon-Vandenbergen, M. Taverniers & L. Ravelli (eds.). *Grammatical Metaphor: Views From Systemic Linguistics*. Amsterdam: John Benjamins. 337-365.

O'Halloran, K. L. 2004. Discourses in secondary school mathematics classrooms according to social class and gender. In J. A. Foley (ed.). *Language, Education and Discourse: Functional Approaches*. London: Continuum. 191-225.

O'Halloran, K. L. 2005. *Mathematical Discourse: Language, Symbolism and Visual Images*. London: Continuum.

O'Toole, M. 1994. *The Language of Displayed Art*. Leicester: Leicester University Press.

Ochs, E. & L. Capps. 2001. *Living Narrative*. Cambridge, MA: Harvard University Press.

Oteíza-Silva, T. 2006. *El Discurso Pedagógico De La Historia: Un Análisis Lingüístico Sobre La Construcción Ideológica De La Historia De Chile (1970—2001)*. Santiago: Frasis.

Oteíza-Silva, T. & D. Pinto. 2008. Agency, responsibility and silence in the construction of contemporary history in Chile and Spain. *Discourse and Society 19* (3): 333-358.

Polanyi, L. 1985. Conversational storytelling. In T. A. van Dijk (ed.). *Handbook of Discourse Analysis 3: Discourse and Dialogue*. London: Academic Press. 183-201.

Pomerantz, A. 1984. Agreeing and disagreeing with assessments: Some features of preferred/dispreferred turn-shapes. In J. M. Atkinson & J. Heritage (eds.). *Structures of Social Action: Studies in Conversation Analysis*. Cambridge:

Cambridge University Press. 79-112.

Propp, V. 1968. *Morphology of the Folktale*. (trans. L. Scott). Austin: University of Texas Press.

Sacks, H. 1992. *Lectures on Conversation* (Volumes I and II). Oxford/Cambridge: Blackwell.

Sacks, H., E. A. Schegloff & G. Jefferson. 1978. *A Simplest Systematics for the Organization of Turn Taking for Conversation*. San Diego: Academic Press.

Schegloff, E. A. 1997. Whose text? Whose context?. *Discourse and Society 8*: 165-187.

Schiffrin, D. 1981. Tense variation in narrative. *Language 57* (1): 45-62.

Schiffrin, D. 1994. *Approaches to Discourse*. Oxford/Cambridge: Blackwell.

Schiffrin, D. 1996. Narrative as self-portrait: Sociolinguistic constructions of identity. *Language in Society 25* (2): 167-203.

Togher, L. 2001. Discourse sampling in the 21st century. *Journal of Communication Disorders 34* (1–2): 131-150.

van Dijk, Teun A. 1977. *Text and Context: Explorations in the Semantics and Pragmatics of Discourse*. London: Longman.

van Dijk, Teun A. 1993. *Elite Discourse and Racism*. Newbury Park, CA: SAGE.

van Leeuwen, T. 1999. *Speech, Music, Sound*. London: Macmillan.

van Leeuwen, T. 2005a. *Introducing Social Semiotics*. London: Routledge.

van Leeuwen, T. 2005b. Typographic meaning. *Visual Communication 4* (2): 137-142.

Veltrusky, J. 1964. Man and object in the theatre. In P. L. Garvin (ed.). *A Prague School Reader on Esthetics, Literary Structure and Style*. Washington, DC: Georgetown University Press. 83-91.

Wodak, R. & M. Meyer. 2009. Critical discourse analysis: History, agenda, theory and methodology. In R. Wodak & M. Meyer (eds.). *Methods of Critical Discourse Analysis*. London: SAGE. 1-33.

Wooffitt, R. 2006. *Conversation Analysis and Discourse Analysis: A Comparative and Critical Introduction*. Wiley Online Library.

Young, L. & C. Harrison. 2004. *Systemic Functional Linguistics and Critical Discourse Analysis: Studies in Social Change*. London: Continuum.

---

杜之、黄鹏，2020，SARS-CoV-2的结构特点及其与SARS-CoV差异的概述，《南昌大学学报（医学版）》（3）：1-5+8。

吕叔湘、江蓝生，2017，《近代汉语指代词》。北京：商务印书馆。
杨延宁，2014，《应用语言学的质性研究方法》。北京：商务印书馆。
张德禄、苗兴伟、李学宁，2005，《功能语言学与外语教学》。北京：外语教学与研究出版社。

# 推荐文献

Eggins, S. 1994. *An Introduction to Systemic Functional Linguistics*. New York: Continuum.

Fairclough, N. 1992. *Discourse and Social Change*. Cambridge: Polity Press.

Halliday, M. A. K. & C. M. I. M. Matthiessen 2014. *An Introduction to Functional Grammar* (4th edition). London: Arnold.

Halliday, M. A. K. & R. Hasan. 1976. *Cohesion in English*. London: Longman.

Martin, J. & P. White. 2005. *The Language of Evaluation: Appraisal in English*. New York: Palgrave Macmillan.

Martin, J. R. & D. Rose. 2003. *Working with Discourse: Meaning Beyond the Clause*. London: Continuum.

O'Toole, M. 1994. *The Language of Displayed Art*. Leicester: Leicester University Press.

Sacks, H. 1992. *Lectures on Conversation* (Volumes I and II). Oxford/Cambridge: Blackwell.

Schiffrin, D. 1994. *Approaches to Discourse*. Oxford/Cambridge: Blackwell.

van Dijk, Teun A. 1977. *Text and Context: Explorations in the Semantics and Pragmatics of Discourse*. London: Longman.

# 索引